A Transformação da Igreja

A Transformação da Igreja

David D. Ruiz M.

CPAD
Rio de Janeiro
1ª Edição

Todos os direitos reservados. Copyright © 2006 para a língua portuguesa da
Casa Publicadora das Assembléias de Deus. Aprovado pelo Conselho de Doutrina.

Título do original em espanhol: *La Transformación de la Iglesia*
Comibam Internacional, Colombia
Primeira edição em espanhol: 2006

Preparação dos originais: Luciana Alves
Revisão: Daniele Pereira, Elaine Arsenio e Verônica Araújo
Projeto gráfico e editoração: Joede Bezerra

CDD: 266 - Missões
ISBN: 85-263-0840-8

As citações bíblicas foram extraídas da versão Almeida Revista e Corrigida,
edição de 1995, da Sociedade Bíblica do Brasil, salvo indicação em contrário.

Para maiores informações sobre livros, revistas, periódicos e os últimos lançamentos
da CPAD, visite nosso site: http://www.cpad.com.br.

SAC — Serviço de Atendimento ao Cliente: 0800-21-7373

Casa Publicadora das Assembléias de Deus
Caixa Postal 331
20001-970, Rio de Janeiro, RJ, Brasil

1ª edição/2006

APRESENTAÇÃO

Unidos em um Novo Desafio

3º Congresso Missionário Ibero-Americano
Resultados e Desafios entre os não-alcançados

Há algumas décadas, no meio de nossas terras e no seio de nossas igrejas, temos ouvido uma voz, cada vez mais forte, acerca dos tempos para se cumprir a Grande Comissão por nós, os ibero-americanos. Não posso separar de minha mente este grande aviso que foi profetizado acerca de João, o Batista, e cumprido nos tempos de Jesus, dizendo: "Voz do que clama no deserto: Preparai o caminho do Senhor; endireitai no ermo vereda a nosso Deus" (Is 40.3). Esta palavra foi anunciada vez após vez, até que aconteceu seu cumprimento e o Messias se fez presente.

Sinto-me como se estivesse vivendo em tempos similares aos de João Batista. Temos escutado sua voz de muitas maneiras, e agora, paulatinamente, estamos vivendo aquilo que tanto nos foi prometido: a luz do evangelho está sendo espalhada até os últimos rincões da terra por homens e mulheres que, atendendo a esta voz desde suas igrejas, decidiram encarnar esta palavra e viver seu cumprimento.

Depois de mais de um século e meio que o bendito evangelho da redenção entrou em nossas terras, e foi iniciado um processo de estabelecimento da igreja de forma ampla na América Latina, temos visto como Deus mesmo tem desejado levar-nos a um processo de transformação, de receptores do evangelho a portadores e mensageiros do mesmo. Esta obra de experiência e estudos que você tem em mãos, e que foi escrito por David D. Ruiz M., presidente do COMIBAM Internacional, apresenta um resumo deste sacro processo no meio de nossas igrejas.

Uma das maiores razões para o III CONGRESSO MISSIONÁRIO IBERO-AMERICANO, que será realizado em 2006, em Granada, Espanha, é a urgente necessidade de continuar repisando que a igreja deixou de ser um sacramento a partir da Reforma, para se voltar às raízes como instrumento de Deus. A igreja não é o Reino de Deus, nem um fim em si mesma, não é o fundamento nem a meta, mas a provisão de Deus para o mundo, e deve ser vista por este como a morada (temporal) do Espírito de Deus. Isto nos ajuda a entender que a igreja é a única instituição que não foi criada para servir-se a si mesma. As estruturas e ordens da igreja devem ser enfocadas para servir ao mundo, e isto acontecerá se continuarmos ajudando o Corpo de Cristo a revisar os padrões e doutrinas sobre o contato que deve ter com o mundo em nossos dias.

Eu insto com você, querido leitor, a ser esta voz profética que promulga que enquanto a igreja não gera mudanças radicais em sua perspectiva sobre o mundo, seguirá crendo que é a última beneficiária da glória de Deus, e então não ajudará o mundo agonizante que repousa às portas de seus templos.

APRESENTAÇÃO

Finalmente, este livro o levará a fortalecer a convicção de que se temos igrejas onde ensinamos nossos membros a viver uma cristologia pura, baseada na entrega total de nosso ser a Cristo, obteremos em um futuro não muito distante as centenas de obreiros de que precisamos para suprir a grandiosa necessidade nos campos missionários, onde multidões sem Cristo estão indo ao inferno por toda a eternidade.

Bem-vindo ao emocionante processo que o levará a um dos cumes mais relevantes da missão desta década: o III CONGRESSO MISSIONÁRIO IBERO-AMERICANO 2006.

Lic. Jesus Londoño
Diretor Executivo

PRÓLOGO

Entrando no tema

DAVID D. RUIZ M. é um pastor com visão e compromisso missionário, e estas duas dimensões emergem no transcurso deste livro. Com um linguajar ameno, pessoal e num estilo de conversa, o autor nos convida a uma caminhada de estudos acerca da igreja e a imperiosa necessidade de transformação e sua missão transformadora. Em sua vida espiritual, ele tem demonstrado seu amor pela igreja local, desde sua prematura infância, e, mais tarde, no pastorado de sua igreja na Guatemala.

Foi nesse contexto que tivemos o privilégio de nos conhecer vários anos atrás, quando David chegou à capital nacional para seus estudos universitários. Começou a assistir à igreja, participando da classe de universitários em que este servo teve o prazer de ensinar. Ali o vimos crescer, amadurecer. Nesses tempos se enamorou, e tivemos a honra de celebrar seu casamento e apresentar ao Senhor sua primeira filha. Nós o observamos no desenvolvimento de seus dons espirituais e naturais.

David chegou a servir como ancião (relativamente jovem), e depois como pastor coordenador da igreja.

E dentro desse contexto, o Senhor da ceifa selecionou o meu irmão David para uma participação nas missões, dentro e fora da Guatemala, chegando a tomar uma dimensão continental missionária como diretor do movimento COMIBAM. Em poucos anos, o vimos participando de uma missão mais ampla de liderança dentro da Comissão de Missões da Aliança Evangélica Mundial.

Escrito para pastores, e com esta perspectiva, Ruiz nos encaminha a uma série de estudos neo-testamentários acerca da igreja e de sua missão. Ele não nos oferece outro manual de "quê, como, quando e com quem" para que a igreja cresça sem problemas. Não escreve os "dez passos fáceis para o êxito das igrejas". Já existem muitos livros acerca da igreja e que tratam de fazer isto. Este livro é mais um chamado ao retorno da essência genética da igreja, uma comunidade de fé, visão e missão transformadora em nosso mundo.

Esta série de estudos nos ajuda a preparar-nos para a tarefa local e mundial da igreja. Ajuda-nos a encarar seu desafio local e global, e seu impacto na congregação, como também nos povos e etnias, cidades e aldeias menos alcançadas, com o evangelho transformador do Cristo vivo e poderoso.

Durante minhas quatro décadas de ministério pastoral e missionário, tenho tido o privilégio de viajar a muitos países, observando e aprendendo, pregando e ensinando. Tenho visto também diversas categorias de igrejas — grandes e pequenas, fortes e fracas —, com liderança profissional, ou estruturadas por um laicato capaz, e visão evangelística, mas enfocando apenas as almas das pessoas, ou aquelas benditas poucas pessoas com uma visão integral de sua missão. Não é fácil encontrar igrejas transformadoras e sãs, e com uma paixão por sua congregação local e global. E essa é a meta a que se propõe este livro.

Três termos-chave: missão, missões, missional

Aproveito esta oportunidade para cumprir uma das inquietudes que tenho em relação à igreja de hoje, e o faço partilhando umas reflexões acerca de três termos similares, mas diferentes.

A primeira, *Missão*, fala do macro-chamado essencial e integral da igreja como povo de Deus. Emerge do conceito da Trindade remetente, quer dizer, o Pai envia o Filho, o Filho envia o Espírito, e o Espírito envia a igreja, a qual também foi enviada pelo Pai e pelo Filho. Por definição, a igreja é um povo enviado. Uma colega na Comissão de Missões da Aliança Evangélica Mundial o disse desta maneira: "Temos sido criados à imagem de Deus, e estamos no processo sendo recriados à sua imagem em nossa nova vida, criativa, e nesse terreno nos entregamos à missão como uma imagem de nosso Criador, Salvador e Doador da Vida".

As *Missões* são manifestações da igreja em missão, particularmente observadas na evangelização e, em especial, no ministério transcultural. Refere-se aos missionários e às estruturas de trabalho global, que se manifestam à medida que vamos cruzando barreiras de idioma, geografia, cultura e religião. Seu enfoque está no que se tem de fazer para chegar aos menos alcançados pelo evangelho transformador de Cristo. A infra-estrutura missionária inclui, pelo menos, os seguintes elementos: a igreja local, a matriz e o seminário global; os motivadores e mobilizadores missionários; os intercessores e centros de capacitação missionária; as agências que enviam e os mecanismos de sustento financeiro. Finalmente, as equipes de campo que ajudam com estratégias, supervisão e cuidado pastoral do missionário — no campo e ao retornar ao seu país de origem.

O conceito de *Missional* tem outro enfoque que retorna para captar as dimensões da missão da igreja, contudo vai mais além. Seu desafio chega quando a igreja local se percebe como um posto avançado do Reino de Deus na realidade encarnada, assim como que vendo os horizontes do mundo. Onde quer que se encontre se considera missional, e a figura de uma espiral em ação descreve seu mover. Move-se para fora com sua mensagem e impacto, e regressa ao centro. Em ambos os movimentos o Reino de Deus avança.

À medida que a igreja entende sua identidade como povo missional de Deus, entende melhor o porquê de sua existência. Foi criada pelo trino Deus para ser um povo em missão, sobre a marca, aqui e ali, perto e longe, evangelizando e discipulando, pregando e curando, dentro de sua cultura e fora dela, demonstrando amor e desafiando para uma mudança social. Não é que a igreja tenha um programa de evangelização e missões, mas que ela mesma naturalmente reflita o caráter do Deus vivo e comunique a mensagem transformadora. Tudo o que a igreja faz, o faz porque é uma comunidade missional.

Desta maneira, quando a igreja inteira entende que sua missão reflete sua essência genética, tudo flui desta medula interior, demonstrando o que ela é e faz como igreja. Todos, a liderança e seus membros, estão comprometidos neste processo dinâmico e transformador, e onde quer que estejam, ou cheguem aonde chegar, promovem o Reino de Deus em todo o lugar e em todo o tempo.

Conclusão

Vivemos em um momento histórico singular, quando os meios de comunicação e as necessidades econômicas nos têm integrado (sem querer) e nos conectado globalmente — apesar das divisões naturais que existem entre povos, etnias, geografias, culturas, economias e religiões.

O momento histórico também é marcado pelo privilégio que tem toda a igreja, em todo lugar e em todas as circunstâncias, para ser um povo transformador pelo soberano Deus. E isto requer que a liderança da igreja tome consciência de seu papel, como o pastorado que encaminha sua grei para a transformação.

Ao único e trino Deus, seja a glória e a majestade.

Dr. Guillermo D. Taylor B.
Comissão de Missões da Aliança Evangélica Mundial

Sumário

Apresentação   5

Prólogo   9

Parte 1
AS BASES PARA A TRANSFORMAÇÃO DA IGREJA

1. A Origem da Igreja que Quer Terminar bem   19
2. Igrejas Fortes Produzem Discípulos   31
3. O Chamado para Examinar o Propósito da Igreja   39
4. O Chamado para Examinar o Compromisso da Igreja   51
5. O Resultado Esperado da Igreja   61
6. O Fruto que Cristo Espera da Igreja   71

Parte 2
O PROCESSO DE DESENVOLVIMENTO DA IGREJA

7. Como Produzir Discípulos Incondicionais   77
8. Uma Segmentação Melhor da Igreja   87
9. O Processo de Desenvolvimento da Igreja   101

Parte 3
O PAPEL DO PASTOR NA TRANSFORMAÇÃO DA IGREJA

10. A Transformação da Tarefa Pastoral   127
11. Qual É minha Prioridade na Evangelização do Mundo?   149

Conclusões   161

Bibliografia   171

Parte I

As Bases para a Transformação da Igreja

ID
A Origem da Igreja que Quer Terminar Bem

As últimas palavras de uma pessoa se revestem de uma importância singular, particularmente quando quem as disse está consciente do que elas representam. Sempre se busca dizer com elas uma mensagem muito relevante, e usá-las com muito cuidado, a fim de comunicar as idéias mais profundas. Imagine como elas afetariam você se agora tivesse de pensar em suas últimas palavras. Quanto cuidado colocaria nelas para que expressassem o que você quer dizer e seu intenso desejo de que sejam seguidas por aqueles a quem elas estão sendo dirigidas?

As últimas palavras de Cristo não foram uma exceção. Consciente de que vivia seus últimos momentos na terra, e em particular com seus discípulos, utilizou-as para anunciar o futuro da igreja. É fácil imaginar aquela cena: um monte que permitia ver toda a distância da Galiléia, cidade que recordava sua morada passageira. Aquele lugar lhe trazia muitas lembranças de seu ministério terreno e de seus primeiros discípulos. O céu que então estava claro, com algumas nuvens ocasionais, lembrava-lhe sua morada eterna — o lugar de seu Reino eterno, do qual voluntariamente havia se privado por amor à humanidade, para cumprir o propósito de Deus.

Meditando naquela ocasião, nos protagonistas e nos eventos que rodearam aquela cena, aprendemos muito de Cristo, da igreja e de seus primeiros líderes.

Aqueles momentos memoráveis foram utilizados pelo Senhor Jesus Cristo pensando naqueles homens que Ele havia preparado, no que fariam e de que forma deveriam utilizar eficazmente seu tempo para cumprir o seu desejo.

Os discípulos foram citados no monte da Galiléia. Todos haviam chegado. Aqueles primeiros discípulos, que na primeira prova da igreja tinham logrado uma simples vitória, a de se manterem unidos em meio ao terror, à incerteza, às notícias confusas e às diversas versões de um fato que agora se lhes apresentava como uma realidade, chegaram com expectativa, e sabiam que algo haveria de acontecer, ainda que não soubessem o que esperar.

Mateus é o único evangelista que narra detalhes daquele encontro em cima do monte, e seu relato descreve a emoção dos discípulos quando se encontraram com Cristo. Ali está Ele novamente, como das outras vezes, compartilhando sua paz e mostrando em seu corpo as feridas da morte e a vitória da ressurreição.

Aqueles discípulos, que representavam a origem da igreja como a conhecemos agora, são assaltados pela dúvida. Esta circunstância nos abre a mente para entender a igreja em termos novos. Diz a Bíblia que todos "o adoraram, mas alguns duvidaram" (Mt 28.17 – NVI). Mas de que duvidavam? Não era dúvida acerca da deidade de Cristo. Tal era o nível de seu desenvolvimento e experiência de relação e comunhão com Ele, que não havia dúvida alguma de que Jesus Cristo fosse o único Filho do Deus verdadeiro. Eles sabiam que, em cumprimento de tantas promessas escritas, o Messias veio a este mundo para viver com os homens, fazer-se de servo e rodear-se de todos para salvar aqueles que tiveram a oportunidade de conhecer a verdade de sua mensagem. Estavam seguros de que Ele era o Cristo, o Filho do Deus vivente. Assim o afirmaram e demonstraram quando se prostraram reverentes diante daquEle que é o único que merece a honra, a glória e o poder. Os discípulos sabiam muito bem que só se adora ao Deus vivo e verdadeiro, e adoraram a Cristo. Com isto demonstraram que tinham convicção de que o conheciam e sabiam que Ele era o enviado de Deus em auxílio aos homens.

Duvidaram então de que Ele estivera morto? Por acaso criam que, na cruz, aquele nazareno apresentou um drama? Não, de forma alguma! Eles o viram pregado na cruz, ouviram suas palavras e até o grito angustiante quando o pecado de todo o mundo caiu sobre Ele. Alguns deles o viram bem de perto, e escutaram quando, ao final de seu ministério terreno, disse com calma: "Está consumado!" (Jo 19.30 – NVI), e havendo dito isto, inclinou a cabeça e entregou o espírito. Morreu, vítima dos pecados do homem. Eles viram sair sangue do corpo de Cristo quando o soldado de forma cruel confirmou sua morte furando o seu lado com uma lança. O sangue saiu sem nenhuma força, misturado com água. Sangue que pagava o pecado do homem, água que limpava o coração daqueles que se aproximavam da cruz.

Por acaso sua dúvida era que aquele que viam era apenas um fantasma, um espírito? Ou talvez movidos por sua tristeza, desesperança e pavor coletivos foram inseridos em um sonho onde todos criam tê-lo visto, mas que na realidade não viram nada! Talvez cressem que o tinham, mas Ele não estava com eles, e apenas existia em suas mentes angustiadas, mergulhadas no desespero, porque formaram, para si mesmos, uma imagem, uma figura que satisfizera sua necessidade de ter um mestre. Não, de forma alguma! Ao final da ceia, naquele mesmo terceiro dia, depois de sua morte, ele se apresentou diante dos olhos deles e lhes deu mostras de que estava vivo. Eles tocaram seu corpo, viram suas feridas, viram-no comer, da mesma forma como fazia antes, e até um deles colocou a mão no lado ferido que fora perfurado pela lança do soldado. Como disse Pedro diante dos judeus, eles foram testemunhas da sua ressurreição, viram-no viver, morrer e retornar da tumba vitorioso, pronto para dar suas últimas palavras.

Do que duvidavam, então? A dúvida surge da clara certeza de que Jesus Cristo, cumprida a sua parte, voltava agora para o céu, coberto de glória, tendo derrotado em seu corpo a morte, e colocado à disposição dos homens a vida. Seriam eles capazes de levar adiante a tarefa pendente? Poderá aquele pequeno grupo de discípulos encabeçar a divina empreitada de tornar conhecida a notícia de que há perdão dos pecados e salvação no sangue de Cristo para todos os homens?

Tudo sucedeu conforme as Escrituras, tal como havia dito o próprio Jesus aos discípulos no caminho de Emaús. Todo o ensinamento das Escrituras relativo ao nascimento, à vida, ao ministério, à morte e à ressurreição do Messias se havia cumprido até a última palavra. Tudo aconteceu como Cristo disse: "De acordo com as Escrituras". Nada ficou sem cumprimento, tudo estava completo. A partir daquele glorioso primeiro dia da semana, a história da humanidade deu um giro inesperado, dirigindo-se a mostrar o caminho para o céu, o único caminho que é Jesus Cristo.

Ao ler o resumo deste relato no Evangelho de Lucas, Jesus, usando de extrema sabedoria, resume a totalidade da mensagem das Escrituras em três atos, três eventos que completam o quadro para a salvação dos homens.

> E lhes disse: Está escrito que o Cristo haveria de sofrer e ressuscitar dos mortos no terceiro dia, e que em seu nome seria pregado o arrependimento para perdão de pecados a todas as nações, começando por Jerusalém (Lc 24.46,47).

Tal e como o afirmariam os discípulos e seus seguidores, a base de sua pregação e a esperança de seu próprio ministério se apoiava na certeza da morte e ressurreição de Jesus Cristo. O Deus que se encarnou e se entregou; o Cristo que morreu pelos pecados do homem, porém ressuscitou com poder, vencendo assim a morte e derrotando aquele que tinha o poder sobre ela. Esmagou a cabeça daquele que no Éden havia crido que vencera a batalha, mas que agora ficava observando, derrotado, o início da igreja naqueles primeiros discípulos, como também o seu estabelecimento sobre toda a terra, para que toda língua, tribo, povo e nação, dos que foram comprados com seu sangue, sejam apresentados diante do Cordeiro.

Só Jesus Cristo podia morrer e tornar sua morte suficiente para pagar pelos pecados do mundo: "Ninguém a tira de mim, mas eu a dou por minha espontânea vontade. Tenho autoridade para dá-la e para retomá-la. Esta ordem recebi de meu Pai" (Jo 10.18 – NVI).

Como diria Paulo mais à frente: "E que mediante o Espírito de santidade, foi declarado Filho de Deus com poder, pela sua ressurreição dentre os mortos: Jesus Cristo, nosso Senhor" (Rm 1.4 – NVI). O Cristo já ressuscitado, conforme as Escrituras. Isso era necessário para dar sustento e respaldo à nossa esperança. Se Cristo não tivesse derrotado a morte, e se da tumba tivesse se tornado cativo, não haveria esperança para os homens. Jesus seria como qualquer outro homem, um Cristo derrotado, e cujo único legado para o mundo seria uma tumba, mas que perpetuaria a lembrança da morte e da derrota. Mas as Escrituras deram testemunho de que Ele ressuscitou dentre os mortos e as cadeias da morte foram quebradas, da mesma forma que foi quebrado o selo que guardava a tumba, e foi levantado para testemunho das nações, de que "foi o Senhor que fez isto, e é coisa maravilhosa aos nossos olhos" (Sl 118.23).

Os discípulos entenderam que agora, cabia a eles cumprir com a sua parte no plano de salvação em favor dos homens. Se o Cristo já havia sido morto, como fora previsto, e se também havia ressuscitado, conforme as Escrituras, da mesma maneira era necessário que se anunciasse esta verdade a todos os homens, começando em Jerusalém e continuando até os confins da terra.

Todo homem tem esperança, mas que esperança é aquela que não se conhece? Como se faz um sacrifício efetivo se o beneficiário não sabe que esse sacrifício foi oferecido em seu nome? Era isto que os discípulos entendiam, e por isso duvidavam de ser capazes de levar adiante o plano da salvação como estava previsto. Agora, está em suas mãos a salvação dos homens, e também têm em suas mãos as chaves que abrem as portas do inferno e deixar livres os seus cativos. Já existe esperança para o mundo, mas esta esperança está nas mãos dos discípulos, a quem o mestre havia escolhido para que "estivessem com ele e para enviar-lhes a pregar" (Mc 3.14). Era justamente para este momento que Jesus Cristo havia escolhido a cada um deles, para isto os havia preparado, mas eles duvidavam de suas capacidades para cumpri-lo.

Se somos enviados — se perguntavam sem dúvida — com que autoridade iremos? Em sua própria cosmovisão eles entendiam que quem era enviado deveria ter um "enviador", uma referência, alguém com a devida autoridade e posição que permitisse enviar outros para exercerem a função comissionada. Necessitavam de uma autoridade suficiente para chegar a todos os territórios aonde eram enviados. Em outras ocasiões anteriores seu Mestre lhes havia enviado, mas em cada uma delas Ele dera instruções claras, como também os recursos para que fossem completadas. Sempre confiavam que Ele estava perto, disposto a ajudá-los e respaldá-los quando fosse requerido, pelas autoridades ou por aqueles que eram objeto de seu envio. Necessitavam responder a esta pergunta e sair com a certeza de que havia um respaldo que lhes permitisse cumprir a tarefa e saber até onde chegava a comissão que agora recebiam das mãos do Mestre.

Se devemos pregar — se perguntavam também — aonde e a quem somos enviados? Podemos imaginar aquele grupo nada significativo, em cima de um monte observando os quatro pontos cardeais e contemplando as vastas extensões de terra, e os muitos povos que havia em cada uma das direções. Por onde começar? E por onde terminar? Eram perguntas sem respostas para eles. Como saber que a tarefa está concluída? Era outra pergunta importante, e necessitavam ouvir a resposta da boca do Mestre. Onde deveriam cumprir seu trabalho? Seria em seu povo, Israel? Seria, por acaso, com as ovelhas deste rebanho, espalhadas pelo mundo todo? Quem são as pessoas que devem ouvir? A quem deveriam pregar esta mensagem? E como saber onde se deteriam para pregar?

E se somos enviados — se perguntavam — qual será a mensagem? Qual o resultado? Qual será a medida de êxito que nos permitirá saber que temos alcançado o propósito de Deus em nossas vidas? Para eles era importante saber como iam ser avaliados por seu trabalho. Havia muito a ser feito, mas onde deveriam concentrar seus melhores esforços? Qual deveria ser o resultado esperado de seu trabalho? Qual seria o momento de se encontrarem de novo, e, em especial, o momento de dizer: "Missão Cumprida!"? O que deveriam apresentar como resultado de seu trabalho? O que colocariam, ao final da jornada, nas mãos daquEle que os havia enviado, e o que colocariam aos seus pés para expressar com gozo que haviam sido fiéis em tudo?

As últimas palavras de Cristo são precisamente um testamento final para o povo do novo pacto. Ali se encontram resumidas as respostas a cada uma destas perguntas. Quando disse:

> Então Jesus aproximou-se deles e disse: Foi-me dada toda a autoridade no céu e na terra. Portanto, vão e façam discípulos em todas as nações, batizando-as em nome do Pai, e do Filho e do Espírito Santo, ensinando-as a obedecer a tudo o que eu lhes ordenei, E eu estarei sempre com vocês, até o fim dos tempos (Mt 28.18-20 – NVI).

Jesus Cristo declara, em primeiro lugar, que recebeu autoridade para enviá-los, e para ressaltar esse envio ressalta que tem autoridade não apenas no céu, mas também na terra. Disse que essa autoridade foi recebida, e que agora a utiliza para enviá-los. É em função dessa autoridade, e com respaldo dela, que Jesus envia seus discípulos. Agora eles podem estar seguros de que seu envio conta com o respaldo daquEle que tem toda autoridade para enviar, suster e manter os resultados do envio. Jesus Cristo fala de uma autoridade ilimitada. Sua perspectiva divina lhe permitia falar de uma autoridade universal, toda autoridade. Não sugere, mas afirma que não há autoridade maior que esta. Não falta nada a esta autoridade que Ele agora manifesta ter para o envio. Da mesma maneira, a área de sua autoridade é ilimitada. Esta não está circunscrita a esta terra, mas também ao céu, e em consonância com o que havia afirmado anteriormente, ilustra esta autoridade moral de que tudo o que os discípulos fizessem sobre a terra teria um reflexo no Reino dos céus. Agora, a tarefa de proclamar o arrependimento e perdão dos pecados era possível porque seus seguidores contam com aquEle que tem toda a autoridade para enviá-los e assegurar que esta empreitada tenha êxito.

A segunda resposta que os discípulos receberam para dirimir suas dúvidas é que são enviados "a todas as nações". Tem sido muito ressaltado o significado da expressão *panta ta ethnë*, para esclarecer que não se fala apenas de divisões geopolíticas, e sim de grupos humanos. A Bíblia de Jerusalém e a versão de Nacar-Colunga preferem a tradução "entre todos os povos", que esclarece melhor o objeto da pregação. Jesus Cristo está respondendo categoricamente a todos os discípulos que seu envio inclui todos aqueles que são beneficiários de seu sacrifício, não apenas aos judeus, mas também aos gentios; não só aos que estão perto, mas também os que estão longe.

"Fazei discípulos" é a terceira resposta que eles necessitam. É o resultado esperado por seu trabalho e ministério. Fazer discípulos obedientes às palavras de Jesus Cristo em todas as nações. Não só aos que se converteram do judaísmo, mas a todos os que se incorporem, se transformem. Que cheguem a ser discípulos e que sigam disseminando a mensagem até que esta seja proclamada entre todos os povos, e entre todas as gentes de todas as nações. Aqui está a medida para o êxito da igreja, uma grande ajuda em momentos como este, quando pareceria que a mente empresarial tem substituído a liderança espiritual da igreja. Jesus Cristo afirma que quando, de acordo com o direito que esta autoridade lhe confere, se apresenta diante de qualquer igreja em quaisquer das nações, o que estará buscando nela para estabelecer se é efetiva ou não, se cumpriu com esta comissão ou não, será contar os discípulos obedientes à sua Palavra que a igreja formou, tanto em Jerusalém como em toda a Judéia, e Samaria, e até os confins da terra. Assim saberão, portanto, que terminaram a tarefa. Com esta informação poderá a igreja avaliar o quanto lhe falta para dizer ao Mestre: "Temos cumprido a tarefa que nos deste para fazer", e sabemos com certeza se nosso tempo e esforço estão bem utilizados no que o Mestre nos deu para fazermos.

Não é difícil entender esta passagem. Não há necessidade de entrar em um seminário teológico para compreender o que ela significa para a igreja, seu propósito e permanência sobre a terra e, particularmente, o que se espera dela. Talvez seu significado se explique magistralmente no que Gladys Aylward escutou em um templo, nas montanhas da China, quando ouviu inquieta o relato de um lama superior, que conta seu encontro com os evangélicos nestas palavras:

> Lemos os relatos de Mateus, Marcos, Lucas e João. Cremos em tudo o que estava nos Evangelhos, apesar de haver muita coisa que não conseguíamos compreender. Mas havia um versículo que nos pareceu de importância especial. Cristo havia dito: "Ide por todo o mundo e pregai o evangelho". Então, era óbvio que alguém viria para nos contar mais acerca deste maravilhoso Deus. Tudo o que tínhamos de fazer era esperar, e quando Deus mandasse um mensageiro, estar prontos a recebê-lo.[1]

---

[1] Gladys Aylward, *Uma Pequena Grande Mulher*, Vida, 1987, p. 119.

2

IGREJAS FORTES
PRODUZEM DISCÍPULOS

A igreja na América Latina está enfrentando uma das fases mais difíceis de sua história. Depois de um início difícil, cheio de oposições e com muita dificuldade de levar adiante o estabelecimento da igreja em muitos países, hoje se encontra em um período de crescimento. Não é estranho ver surgir novas e notar como a presença delas vai se fazendo mais sensível em cada um dos países da América Latina.

Segundo a última estimativa de Patrick Johnstone, na América Latina há oitenta e sete milhões de evangélicos.[2] Em alguns desses países as igrejas crescem de maneira considerável, e o percentual de evangélicos em sua população é cada vez mais significativo. Com o crescimento da igreja tem havido também aqueles problemas que acompanham os momentos de tranqüilidade. A frouxidão e a preguiça às vezes acompanham os processos onde a luta já não está presente e onde parecia que o terreno estava propício ao estabelecimento da igreja. Agora começam a apresentar-se algumas das mudanças significativas que a igreja tem tido em vários países da América Latina, que valem a pena ser observados.

A igreja evangélica já não é a alternativa apenas para os iletrados, pobres e marginalizados que não têm esperança. A igreja, em muitos países, é agora uma instituição com influência, prestígio e, em alguns casos, já é uma marca de posição social e de reconhecimento público.

Os pastores também mudaram. Já não são aqueles pobres, fanáticos e humildes homens que paravam nas esquinas — com seus trajes desbotados pela ação do sol e com a Bíblia na mão — a pregar acerca da morte e do inferno a fim de convencer seus ouvintes a ler e buscar na Palavra de Deus a verdade, e crer no Senhor Jesus Cristo. Alguns pastores, agora, são personagens de influência, vestem roupas de marca, dirigem carros exclusivos e se hospedam em hotéis de cinco estrelas.

Os templos deixaram de ser a sala da casa dos pastores, ou de um dos membros, onde os cristãos se aglomeravam em poltronas e bancos de madeira, com os olhares curiosos dos inconversos em suas janelas, que queriam saber que rostos tinham os cristãos, o que faziam quando estavam reunidos e se o que era dito acerca deles era correto. Agora, há templos que competem com palácios de governo e centros comerciais, revestidos de mármores trazidos de terras distantes. Púlpitos de cristal talhado, cadeiras decoradas com ouro, aparelhos de ar-condicionado e tapetes de milhares de dólares.

A mensagem da igreja tem mudado, e já não se prega mais sobre o inferno como destino eterno dos incrédulos. Quase não se recordam mais do pecado, e a pessoa de Jesus Cristo é apenas o Salvador. Agora parece que há coisas mais modernas sobre o que falar, e as pessoas vão à igreja para aprender como pedir a

Deus o que precisam, e de que forma visualizar o que queremos. Fala-se muito mais do homem que de Jesus Cristo, de obter o que merecemos do que de oferecer aos outros o que eles necessitam. Já não se fomenta o serviço nem o sacrifício de ser cristão. Agora se fala mais da fidelidade à denominação, da entrega pontual dos dízimos, da inversão pelas coisas terrenas e do reconhecimento dos pastores como aqueles que merecem honra, respeito e um lugar especial sobre todos os humanos.

Há muito que a igreja deixou seu zelo evangelizador. "Se alguém quer ser salvo" — pareciam dizer —, as portas do templo estão abertas para eles, pois não rechaçamos ninguém, mas os convidamos para que sejam parte de nossa igreja. Não vemos por que nos preocuparmos com os não-alcançados, pois há muito a ser feito em nossa cidade, dentro de nossa própria igreja, e nosso templo necessita de reformas. Os jovens estão pedindo um novo equipamento de som, os carros já não cabem nos estacionamentos e precisamos de mais um espaço para abrigar o salão social da igreja.

O "aqui se evangeliza, venham e escutem" tem substituído o "ide e fazei discípulos em todas as nações".

A igreja em nossos dias não parece precisar de uma unidade. Já não precisamos orar juntos por causa das perseguições ou por resistência do Inimigo. Os problemas e as más experiências do passado tem produzido um distanciamento, e as igrejas são, cada vez mais, comunidades independentes. O enfoque do alcance produzia membros de outras igrejas, muitas vezes propiciado pelo entusiasmo de seus membros, resultando em um sentimento de competência, e em alguns extremos em nossa maneira de auto-suficiência de igrejas que contam com todos os recursos para realizar seus planos, sem que isto demande aproximarem-se de outras igrejas, buscar a unidade com elas ou ajudar-lhes em suas deficiências e necessidades.

No meio desse processo, a igreja se torna vítima de uma confusão quanto ao que é ser uma igreja forte e começa a pensar que é aquela que tem sinais externos de poder, autoridade, influência, efetividade e eficiência. Basta perguntar a um dos membros qual é a característica de uma igreja forte, e escutar respostas que saem de imediato. Escutaremos respostas como "o tamanho do templo, a quantidade de membros e quantas igrejas já foram fundadas". Em alguns casos, se menciona a influência do pastor, e, entre outros, apontarão os recursos econômicos. Quando respiramos por um momento (ou melhor, suspiramos), nos damos conta de que em algum passo do processo deixamos de enfocar a igreja naquilo que realmente tem significado, porque basta perguntar novamente o que é uma igreja forte, de acordo com a Palavra, para que as respostas comecem a ser corretas: uma igreja que ora, que estuda e que aplica a Palavra como é devido, que influencia na transformação da sociedade onde se encontra e manifesta, de muitas maneiras, a presença de Jesus Cristo em seu meio.

Ao revisar tais respostas, notamos que todas elas são, sem dúvida, as características de um discípulo, posto que este é um cristão que ora, estuda e aplica a Palavra de modo devido, faz sentir sua influência na transformação da sociedade onde se encontra e manifesta de muitas maneiras a presença de Jesus Cristo em sua própria vida.

Ao voltar à Palavra — a única norma de fé e conduta —, percebemos que a descrição de uma igreja forte é aquela que produz discípulos. Não assistentes a um programa de discipulado, mas cristãos verdadeiramente incondicionais ao Senhor, através de tudo o que Ele ordena em sua Palavra.

Cristãos que estejam dispostos a ser o que Deus quer que eles sejam, dispostos a fazer o que o Senhor deseja que façam, e que vão aonde o Senhor deseja que vão. Não tem nada a ver com a fidelidade ao pastor ou à denominação, ainda que, sem dúvida alguma, isto esteja incluído. Entretanto, a medida do êxito para o cristão é sua incondicionalidade para com Cristo, e, por conseguinte, a medida de êxito para a igreja é a capacidade que ela tem para produzir, de forma regular e constante, cristãos incondicionais, capazes de ser, fazer e ir aonde o Senhor os enviar.

O chamado à incondicionalidade

Sem o objetivo de fazer aqui um tratado sobre o assunto, deixe-me apontar os efeitos deste exercício, quais são as características bíblicas daqueles que são chamados discípulos, como nos relatam as Escrituras em Atos 11.26, quando foram chamados de "cristãos" pela primeira vez em Antioquia.

Os discípulos são cristãos incondicionais para com o Senhor e chegam a uma estrutura tal que podem ser usados por Ele, em seu propósito para com o mundo. O chamado para ser parte da igreja do Senhor inclui uma demanda para cada um dos que são chamados, no tocante a uma transformação pessoal, através de uma relação com Ele. Em Mateus 16.24, podemos ler com clareza o convite do Senhor Jesus Cristo para que aqueles que desejassem ser seus discípulos estivessem dispostos a essa transformação: "Se alguém quiser vir após mim, negue-se a si mesmo, tome cada dia a sua cruz e siga-me".

"Negue-se a si mesmo" é a primeira condição para ser discípulo. Negar-se a si mesmo é um convite a mortificar o "eu", a renunciar a uma vida governada por meus pensamentos, meus sentimentos e o desejo de viver em função de alcançar meus próprios interesses; um chamado para entregar incondicionalmente minha vida, de forma que ela seja governada pela pessoa do Senhor Jesus. É um chamado para imitar a Cristo, conforme lemos em Filipenses 2.5. Jesus, o modelo, nos desafia a estar dispostos a deixar de fazer o que queremos, a colocar no altar de adoração nossos planos, para que estes estejam em consonância com os planos que o Pai tem para o mundo, para a sua igreja e para cada um de nós como membros dela. Esta primeira afirmação tem a ver com o caráter, com chegar a ser o que o Senhor deseja que sejamos, para que, por meio de uma relação íntima, pessoal e emocional com Ele, possamos desarraigar de nossa vida e de nossa experiência todas aquelas coisas que nos desviam da sincera obediência a Cristo. Quando chegarmos a uma sujeição absoluta de nossa vontade e nosso caráter for transformado, chegaremos a esse ponto de incondicionalidade e de ser o que Ele quer que sejamos.

"Tome a cruz", que é a segunda condição para ser discípulo, é um chamado para sofrer com gozo as perdas das coisas deste mundo, a permanecer sem nada, apenas com a cruz de Cristo, à luz da qual as coisas do mundo, o que sou e o que tenho, tanto quanto aquilo que creio merecer, se transformem em lixo (Fp 3.7-10). Sob a perspectiva da cruz, não existe nada que valha a pena suspirar por sua falta, ou encaminhar nossas energias para obtê-lo. É deste conceito que podemos ler mais claramente em 2 Timóteo 2.3,4, onde, com a figura de um soldado, nos anima a sofrer as penalidades de não ter o que o mundo oferece, em prol de agradar aquEle que nos alistou como soldados. Esta segunda afirmação diz respeito a nossas ações, como verdadeiros cristãos incondicionais, que nos chama a estar dispostos a fazer tudo o que o Senhor nos ordena, mesmo ao preço de nossos próprios pensamentos, sentimentos e, tal como a tradução literal da palavra "discípulo" em Mateus 28.19, à custa do martírio e do sofrimento.

"Siga-me" é o terceiro chamado à incondicionalidade do discípulo. Aqui, o Senhor Jesus Cristo lança um desafio a todo aquele que deseja ser seu discípulo, a todo aquele que quiser se considerar um cristão incondicional, a quem está disposto a ir aonde Ele mandar — seja este um aspecto funcional dentro da sociedade, da igreja ou de sua família, seja este um aspecto geográfico, de perseguir o chamado e a visão do Senhor em qualquer ponto do planeta, desde aqui até os últimos lugares da terra. Seguir a Jesus é uma demanda que nos impele a estar dispostos a nos despojarmos de tudo aquilo que nos retém neste lugar, de deixar de fazer o que estamos fazendo, para começar a nos mover para onde Ele está nos chamando, ao lugar aonde nos envia para cumprir seus planos. Esta é a verdadeira incondicionalidade, o estar dispostos a moldar nossa vida e caráter para ser cada dia mais parecidos com Cristo, a submeter nossas ações em obediência absoluta à palavra de nosso Senhor Jesus e a colocar nossos pés nesta vida a fim de seguir seu chamado para o lugar que Ele está indicando.

Igrejas fortes, concluindo, são aquelas que estão preparando, de maneira regular e deliberada, seus membros para que cheguem a ser cristãos incondicionais. Alegra-se ao vê-los, dia a dia, tomando decisões sobre o que fazem, para que todos os seus pensamentos, palavras e ações passem pelo exame da Palavra. Regozija-se com eles e se solidariza ao vê-los sair para o lugar que o Senhor tem indicado, a fim de que desenvolvam o trabalho e o ministério que lhes tem dado. Tudo com o propósito de que aqueles que os conheçam e observem possam ver o poder de Deus para transformar. Essa é uma igreja forte.

---

[2] Patrick Johnstone, *Operation World*, Paternoster Lifestyle, p. 34.

3

O Chamado para Examinar o Propósito da Igreja

O Senhor está nos chamando para examinar a igreja e compará-la com a imagem que a Bíblia nos apresenta dela. Neste momento crucial da história da igreja na América Latina, o chamado que escutamos constantemente é o de retornarmos às origens, a redescobrir a imagem da igreja que estava no coração de Deus quando Ele a confiou aos seus discípulos, e a examinar o mistério escondido pelos séculos e revelado pelo mesmo Jesus Cristo a eles. É agora, quando sentimos o desafio de iniciar uma campanha de transformação da igreja para que seu propósito, seu chamado e seu compromisso voltem a ser o que o Senhor queria que fosse.

Quando examinamos este desafio, nos damos conta de que há um pedido para que a igreja se volte às coisas simples que lhe deram origem e que foram efetivas na evangelização durante vários séculos, e que permitiram aos cristãos primitivos manter seu zelo pela pureza, pela incondicionalidade e, em especial, por dar um testemunho integral, capaz de chegar às últimas conseqüências. Muitas vezes, quando estamos diante de uma nova idéia do que a igreja pode fazer, a melhor idéia que nos ocorre é somar a um novo ministério, formar um comitê que comece a trabalhar naquilo que a igreja necessita. É isto que vemos acontecer diversas vezes na igreja, enquanto nas missões, por esta mesma inclinação, temos crido que fazer com que uma igreja chegue a ser missionária é tão simples quanto colocar um comitê de missões e esperar que eles façam essa parte, a fim de que a igreja cumpra seu mandato. O chamado que ouvimos agora é para fazer uma transformação radical. Este é um chamado para fazer uma parada no caminho, seguindo-se uma avaliação consciente do que a igreja é *versus* o que deveria ser. Logo, tem de haver o preço de mudar o que é necessário mudar para que a fisionomia da igreja represente bem a imagem que Cristo representou nas Escrituras, e seja assim a igreja que o Senhor quer.

O melhor lugar para iniciar esta avaliação é, sem dúvida, o Evangelho de Mateus. Este é um texto que contém o desdobramento da forma de pensar de Cristo com respeito ao que a igreja é em sua essência, seu propósito e seus resultados. Queremos voltar às bases para transformar nossa mente e ver a igreja com os olhos da Palavra, entender o que Cristo viu nela e o que deu a entender a seus discípulos. Como disse David Bosch:

> O primeiro evangelho é, em essência, um texto missionário. Foi a visão missionária que deu impulso a Mateus para escrever seu evangelho. Ele não empreendeu tal projeto com o fim de compor uma "vida de Jesus", mas com o ânimo de prover um guia para a comunidade em crise, sobre como devia ser seu chamado e sua missão.[3]

Encontramos bastante material no Evangelho de Mateus para cada um de nós, como qualquer pastor ao longo e ao largo da América Latina, possa sentar-se e revisar sua compreensão da igreja, compará-la com a imagem que tem frente a Ele e, em seguida, tirar suas próprias conclusões quanto a iniciar um processo de transformação.

O propósito da igreja se encontra claramente estabelecido em Mateus 16, onde o Senhor Jesus Cristo utiliza, pela primeira vez, "igreja" (*eklesia*), um termo que já fora utilizado antes para designar o povo de Israel (por exemplo, Salmos 22.22, onde o grego da Septuaginta usa o mesmo termo[4]). Agora esta palavra é redefinida para incluir o povo de Deus. Neste capítulo 16, começa uma nova etapa no ensino que o Senhor Jesus estava dando aos seus discípulos, e seguramente veremos contestadas aqui, entre outras, as seguintes perguntas: Como pode a igreja ser o que deve ser? Como afirmar o propósito da existência da igreja? O que fazer para viver com a visão que Cristo teve de sua igreja? Por que a visão da igreja deve ser a visão de Deus para a igreja?

Esta passagem que estaremos estudando tem uma característica muito importante, como um divisor de águas no ensino do Evangelho de Mateus. Até este momento, seus ensinos estão orientados a demonstrar a deidade de Cristo e evidenciar que seu nascimento e ministério são o cumprimento da promessa da vinda do Messias. Aqui, sem dúvida, se inicia um novo ensino. A menção do Reino de Deus se faz mais freqüente, e, sobretudo, a apresentação deste novo elemento — a igreja — chama poderosamente a atenção.

Este ensino acontece na região de Cesaréia de Filipe, uma região pertencente à tetrarquia de Herodes Filipe, situada a uns quarenta quilômetros ao norte do mar da Galiléia (Mt 16.13).

Este é um dado muito importante porque ressalta a importância dos gentios no processo de estabelecimento da igreja. Basta analisar detidamente os primeiros capítulos do Evangelho para nos darmos conta do quão importante é o tema dos gentios. Veremos alguns exemplos. Em Mateus 4.15, no início de seu ministério, Jesus se estabelece em Cafarnaum e afirma que isto é em cumprimento de que a luz havia chegado para brilhar sobre judeus e gentios, e a imediata proclamação "Arrependei-vos porque é chegado o Reino dos céus" se levanta sobre gentios, assim como sobre judeus. Em Mateus 8.10, Jesus encontra um centurião piedoso que crê nEle, de tal maneira que o Mestre se maravilhou e disse: "Digo-lhes a verdade: Não encontrei em Israel ninguém com tamanha fé" (NVI), e a continuação profetiza que os gentios creriam. Esta região, portanto, era caracterizada por sua alta população de gentios. É ali que o Senhor Jesus Cristo faz aquela pergunta singular e importante a seus discípulos: "Quem dizem os homens ser o filho do homem?" Ao opinarem, os discípulos não tiveram dificuldade para responder, e deram suas próprias conclusões baseados no que haviam escutado das pessoas que seguiam a Jesus. Sem dúvida, Cristo modificou um pouco a pergunta e voltou a lançá-las diretamente, quando disse: "E vós, quem dizeis que eu sou?" Simão Pedro lhe responde com uma expressão cujo conteúdo afirma completamente o que Jesus Cristo é: "Tu és o Cristo, o Filho do Deus Vivo".

Tomando como base esta declaração gloriosa é que o Senhor Jesus proclama o advento da igreja e apresenta, nos próximos versículos, uma descrição de seu chamado, a razão de sua existência e o propósito de seu estabelecimento.

Em primeiro lugar, chama a humanidade inteira para ser parte da igreja e se compromete pessoalmente com o seu estabelecimento (Mt 16.18). A figura que vemos descrita neste versículo é a de uma igreja universal, uma comunidade de cristãos unidos ao redor desta declaração gloriosa, que transcende raças, povos, línguas e nações. Uma igreja que não se distingue por sua denominação, forma ou estilo de fazer as coisas, mas pelo lugar que dá a Cristo como seu Messias, o Salvador, o verdadeiro Filho do Deus vivente. Como vemos nesta passagem, o Cristo não apenas a nomeia, mas se compromete com o seu estabelecimento.

Ele se compromete em primeiro lugar a construí-la e edificá-la. Neste mesmo versículo, Jesus se descreve a si mesmo como o perfeito arquiteto que assegurará que a igreja tenha a proporção, as dimensões, a forma, o estilo e a substância que Ele mesmo havia desenhado para ela. A igreja conta agora com a promessa de uma participação de Jesus Cristo, a fim de que chegue a ser perfeita e completa, para que possa cumprir o propósito para o qual Ele estabeleceu.

Cristo se comprometeu também a fazer com que a igreja fosse um agente vitorioso. Sua vitória, com certeza, não é sobre as coisas do mundo. Como está claramente estabelecido nesta passagem, a vitória é de modo preciso sobre aquele lugar que retém os perdidos em uma eterna separação de Deus: as portas do inferno. A igreja está sendo chamada para romper as portas do inferno, abri-las de forma que aqueles que estão cativos sob o seu domínio possam escapar e encontrar o caminho da salvação eterna. Como expressa A. T. Robinson: "A igreja prevalecerá e sobreviverá porque Ele forçará as portas do Hades, saindo como Conquistador Invicto".[5]

Quando observamos cuidadosamente esta primeira figura, notamos quantas vezes a igreja equivoca seu propósito ao estar forçando outras portas em busca de recursos, poder e influência, enquanto as portas que mantêm os perdidos na morte eterna permanecem intactas ante a sua passividade na proclamação poderosa da mensagem de salvação a todas as nações.

Uma das coisas mais emocionantes que este versículo nos mostra é uma mudança radical em benefício de todos os povos, etnias e nações. A partir desse momento, há um novo povo que se descreve como povo de Deus, assembléia ou igreja. A partir de agora, a pertinência a esse povo não depende de ascendência, cor da pele, raça ou família, mas de confessar que Jesus é o Filho de Deus e reconhecê-lo como o Salvador. Esses versículos abrem a oportunidade para que todas as etnias entrem para formar parte do seu Reino. Deus deixa claro uma mensagem: todos os povos são iguais aos seus olhos quando enviou seu Filho para todas as pessoas de qualquer povo, etnia ou raça que confesse que Jesus é o Senhor e creia nEle de coração. Agora é um direito de cada pessoa o ter a oportunidade de ouvir da esperança de Jesus Cristo em seu próprio idioma e em termos que lhe permitam entender de maneira clara a mensagem, e, como resultado, tomar a decisão de aceitá-lo ou rejeitá-lo.

Em segundo lugar, chama a cristandade, encarnada em Pedro, a ser os que abrirão as portas da igreja diante de todos (Mt 16.19). Nesta passagem, podemos entender com clareza que o que o Senhor disse a Pedro foi a autoridade para abrir as portas desta igreja universal a judeus e gentios, autoridade que logo confirmaria a seus discípulos. Esta afirmação abre definitivamente as portas para qualquer que esteja disposto a abrigar-se debaixo desta declaração gloriosa: "Jesus, tu és o Cristo, o Filho do Deus vivo". Nenhuma porta pode resistir-lhe. Pareceria ser esta a única razão por que não se abre uma porta, precisamente, por que a chave para abri-la, que Ele entregou aos seus discípulos, não se encaixa na fechadura, não gira, nem se tira para abri-la.

Ao revisar a história do livro de Atos, nos damos conta da maneira efetiva com que Pedro utilizou estas chaves para abrir as portas da igreja para cada um dos grupos a que Jesus Cristo se referiu em Atos 1.8. Pedro abriu as portas da igreja para os judeus em Atos 2, quando prega aquela primeira, tremenda e poderosa mensagem evangelística que proclama a Jesus como Cristo, o Filho do Deus vivo. E nesta mensagem, de modo conclusivo, afirma: "A este Jesus, a quem vós crucificastes, Deus tem feito Senhor e Cristo". Logo, dá a seus ouvintes a resposta da essência da igreja quando lhes responde à sua angustiosa pergunta: "Irmãos, o que devemos fazer?" "Arrependei-vos, e cada um seja batizado em nome de Jesus Cristo para perdão dos pecados, e recebam o dom do Espírito Santo." Como resultado daquela afirmação, a porta de Jerusalém foi aberta, e quase três mil pessoas se uniram à igreja naquele dia. A primeira chave, que sem dúvida levava a inscrição "Jerusalém", foi utilizada poderosamente.

Em Atos 8, podemos ver como as portas da cristandade foram abertas também para os da província da Judéia e para os samaritanos, quando, depois da perseguição, muitos deles foram pregando por toda a Judéia e Samaria. Como lemos no versículo 14, os apóstolos que estavam em Jerusalém ouviram o que estava acontecendo em Samaria, enviaram a Pedro e a João. Ao chegar, eles confirmaram o interesse, e nos discípulos subseqüentes vemos a maneira como estes discípulos se interessaram por este grupo de conversos, e depois de orar, desceu sobre eles o Espírito Santo. Como conseqüência, o evangelho foi anunciado em "muitas aldeias de samaritanos". Mais uma vez as chaves descritas com a inscrição "Judéia" e "Samaria" são usadas efetivamente para abrir a porta da igreja aos samaritanos também.

A Transformação da Igreja

Continuamos o relato de Atos 10.44,45, onde encontramos também a forma como, de maneira sobrenatural e muito direta, Deus encaminha os passos de Pedro a uma comunidade de gentios, que encabeçados por Cornélio, encontram esse caminho e batem à porta angustiosamente para entrar e formar parte da cristandade. Um tende a pensar que Pedro não estava muito interessado ou muito consciente de que o evangelho também era para os gentios, a julgar pela introdução de sua mensagem no versículo 18. E no versículo 43 Pedro de novo traz a necessidade de abrigar debaixo da declaração gloriosa que antecipa que, ainda que sejam gentios, poderiam receber o perdão de pecados no nome de Jesus. O meio desta primeira mensagem aos gentios, as portas da igreja se abrem também para eles, e com eles, para todo o resto do mundo. A quarta chave tem sido utilizada, aquela que tinha a inscrição "até os confins da terra" abrira a porta da igreja aos gentios, e aquelas pessoas são as primícias dos que viriam depois "do oriente e do ocidente e se sentariam com Abraão, Isaque e Jacó no Reino dos Céus".

Ao voltar a esta passagem em Mateus 16.21, podemos ver que depois de haver revelado a seus discípulos o conceito da igreja universal, Jesus começa a declarar-lhes o caminho que ainda faz falta para que a salvação oferecida em seu nome possa estar à disposição de todos os homens. Sua morte e ressurreição são necessárias para que as Escrituras se cumpram. Sempre me chamou a atenção a passagem que encontramos em continuação, quando Pedro escuta o primeiro anúncio da morte de Jesus Cristo, e imediatamente o toma à parte para motivá-lo a reconsiderar sua decisão de entregar sua vida: "Jesus, tem compaixão de ti — parece dizer-lhe — de maneira nenhuma isto te acontecerá". E até parece que Pedro o está recriminando: "Por que se conformar com menos quando podes obter para ti o domínio, o poder e a glória? Por que caminhar ao sacrifício quando podes viver como um rei? Por que morrer quando podes tornar permanente a tua memória? Não é estranho que leiamos no seguinte versículo as duras palavras que o Senhor disse a Pedro: "Para trás de mim, Satanás, que me serve de escândalo, pois não podes ver as coisas de Deus, e sim as dos homens" (v. 23). O que lemos aqui ilustra de forma clara a atitude da igreja em nossos dias: uma igreja centrada em si mesma, sem nenhum interesse no sacrifício, mas com um enfoque na auto-exaltação. É a igreja que diz constantemente: "Por que nos conformarmos com menos se podemos ter e exibir o domínio, o poder e a glória?" E na busca de tais coisas, esquece a razão de seu estabelecimento e de sua permanência sobre a terra. Parece que não é novo o enfoque da igreja em si mesma, ao estar buscando ser mais, ser melhor, ter mais influência, alcançar uma prosperidade maior e que todos a vejam com inveja; em vez de apresentar-se como fez o divino Mestre, sem mais do que uma cobertura sincera, mas com os braços abertos, dispostos a entregar tudo o que tem para que todos nós, os pecadores, pudéssemos alcançar a vida eterna e chegar a ser parte da igreja.

Em terceiro lugar, Jesus Cristo chama a cada um dos cristãos para uma transformação, para serem parte da igreja (vv. 24-28). Mesmo quando as portas da igreja estão abertas a todos, aquele que quer ser parte dela está condicionado a que se cumpra esta transformação em sua vida para chegar a ser o que Cristo queria de cada um de seus discípulos: um cristão incondicional. É interessante pensar que a razão de pertencer à igreja inclui desde a transformação pessoal até a efetiva contribuição à transformação de tudo o que nos rodeia.

A Transformação da Igreja

São três as coisas que Jesus Cristo menciona para ilustrar a transformação e como condição para ser parte da igreja:

Negar-se a si mesmo. Um chamado a morrer para uma vida centrada em mim mesmo e a um estilo de vida governado por meus pensamentos, meus sentimentos e, particularmente, meus interesses. O chamado é para morrer para o eu, deixar de considerar o que sou, o que tenho e o que creio merecer, a fim de dar lugar, a cada dia, para que a pessoa de Cristo Jesus seja mais Senhor em minha própria vida e experiência. É um chamado para morrer para o eu, mas também para imitar a Cristo, tal como lemos em Filipenses 2.5, dispostos a deixar de ser o que somos, a pensar em nós mesmos para chegar a ser como Cristo.

Tomar a cruz. Esta segunda condição é um chamado a sofrer com gozo a perda das coisas do mundo, a ficar só com a cruz, a de Cristo, através da qual, ao ver o mundo sob perspectiva, todas as demais coisas — o que sou, o que tenho e o que creio merecer — se transformem em lixo (Fp 3.7-10). É esse o conceito que podemos ler mais claramente em 2 Timóteo 2.3,4, onde, com a figura de um soldado, nos anima a usufruir a penalidade de não ter o que o mundo oferece, a mudar para agradar aquEle que nos tomou por soldados.

Segui-lo. Este é um chamado a obedecer ao Senhor, a mover-se na direção que Ele indica. Assim como ninguém pode ser parte integrante da igreja de Cristo se não está disposto a declará-lo como seu Senhor, da mesma forma ninguém pode ser parte de sua igreja se não está disposto a ir aonde o Senhor está enviando.

É isto que significa chegar a ser um cristão incondicional. Um cristão deve estar disposto a ser o que o Senhor quer que ele seja, a fazer o que Ele quer que faça, a ir aonde Ele quer que vá, mesmo à custa de sua comodidade, e isto inclui sua própria vida. Tal como vemos no restante do livro, Jesus apela à obediência incondicional em todos os seus ensinos.

Mateus 16 nos mostra com toda clareza o que a igreja deve ser, a razão de sua existência e como deve viver segundo a visão de Deus. A igreja, então, é aquela comunidade de cristãos incondicionais, dispostos a morrer para o eu, a sofrer com gozo a perda das coisas deste mundo e a ser obedientes ao Senhor até as últimas conseqüências, indo até as mais remotas partes do mundo. No chamado missionário, então, se encontra a essência da igreja.

O chamado missionário é, sobretudo, um chamado à obediência, a que os membros da igreja que Ele edificou, e que se iniciou com a participação dos cristãos, sejam o que devem ser: cristãos incondicionais, dispostos a contribuir para a transformação do mundo com o amor de Jesus Cristo.

---

[3] Bosch David J. *Misión en transformación: cambios de paradigma en la teología de la misión*, Desafío, 2000, p. 83.
[4] *Gâhâl*, ver referencia 6951, *Hebrew and Chaldee Dictionary*, James Strong, S.T.D.LL.D.
[5] Robertson Archibal Thomas, *Imágenes verbales en el Nuevo Testamento*, vol. I, Clie, 1988, p. 144.

4

O Chamado para Examinar o Compromisso da Igreja

No capítulo anterior afirmamos que o Senhor está nos chamando para examinar a igreja e compará-la com a imagem que a Bíblia nos apresenta. Neste capítulo examinaremos o compromisso que a igreja tem para enfocar seu trabalho e ministério de acordo com a imagem que Deus projetou dela nas Escrituras. Em Mateus 18, nos é aberta uma nova dimensão para entender o valor das almas perdidas, o caminho para alcançá-las e o papel que a igreja exerce no processo para que os perdidos sejam salvos. Há várias lições que podemos aprender com esta passagem.

O compromisso pessoal para ser parte do Reino dos céus

Esta é uma passagem interessante (vv. 1-5), e até parece um pouco cômica. Encontramos os discípulos discutindo entre eles mesmos para estabelecer quem seria o maior no Reino dos céus. O interessante e cômico de tudo isso é que nem sequer haviam entendido a explicação de como ser parte do Reino dos céus. As afirmações que vemos no capítulo 16 ficaram demasiado distantes do alcance de suas razões, ou talvez, como acontece na igreja de hoje, sua visão estava tão abaixo que lhes foi impossível ver a gloriosa dimensão da igreja segundo Jesus Cristo.

Nesta primeira passagem do capítulo, o Senhor não apenas lhes diz que o Reino dos céus não é um lugar para se buscar posições, nem para se lutar por níveis, mas a economia desse Reino é completamente diferente de tudo o que conhecem no mundo. Como resposta a esta discussão irrelevante, Jesus chama um menino, coloca-o no meio dos discípulos e lhes diz aquelas palavras claras: "Em verdade vos digo que, se não vos converterdes e não vos fizerdes como crianças, de modo algum entrareis no Reino dos céus" (Mt 18.3). Duas coisas ficaram claramente estabelecidas nesta lição objetiva. Em primeiro lugar, se afirma que para entrar no Reino dos céus é necessário ser como crianças. É claro que Ele não está falando de que nós, como cristãos, comecemos a balbuciar, a usar fraldas descartáveis ou a andarmos como meninos. Esta afirmação é mais um chamado a que tenhamos a atitude correta para entrar no Reino dos céus. Em primeiro lugar, devemos estar conscientes de mostrar nossa pequenez, comparados à grandeza de Cristo e de seu sacrifício. Logo, devemos estar conscientes de nossa ignorância diante da sua sabedoria soberana, sobretudo a nossa incapacidade de aprender por nós mesmos o caminho que nos leva à vida. Dessa afirmação concluímos que precisamos colocar a Jesus Cristo no trono de nossos corações e deixar que, como meninos, nossos corações sejam encaminhados à sincera obediência a Cristo.

Em segundo lugar, Ele estabelece que para entrar no Reino dos céus é necessário se humilhar como crianças. Devemos ter e conservar a humildade necessária para reconhecer nossa dependência de Deus, não apenas para entrar, mas também para conduzir-nos como dignos desse Reino conquistado pelo sangue de Jesus Cristo; humildade que nos leva a exercer com responsabilidade nossa atitude de servos dos demais.

O compromisso da igreja de valorizar os perdidos

Nesta passagem (vv. 11-14), Jesus Cristo estabelece o valor dos perdidos. Começa com uma advertência muito clara: não devemos menosprezar ninguém, crendo que é indigno de nosso esforço para buscá-lo e oferecer-lhe a oportunidade de ser salvo. De novo, nos traz a lembrança de que o compromisso da igreja não é consigo mesma, mas precisamente com os perdidos. Ele mesmo continuou pondo-se como exemplo quando nos mostrou sua disposição para morrer a fim de salvar todos os perdidos.

Nada que a igreja faça merece tanto esforço quanto colocar o evangelho à disposição de todos os perdidos, onde quer que eles estejam. O exemplo que utiliza é o da ovelha perdida, e a maneira como está escrita esta porção era para eles muito familiar; mostra a urgência em sair em busca de todos os perdidos onde quer que estejam.

Em Lucas 15 encontramos uma passagem paralela a esta que agora estamos estudando. Ali, podemos ver com mais clareza a razão por que esta parábola é dita diante dos fariseus. Foi narrada em conseqüência de sua nada sincera preocupação de que Jesus estava ocupando seu tempo e seus recursos em atender e dar oportunidade aos pecadores, ao passo que aqueles que se consideravam justos não estavam recebendo a atenção que mereciam. No Evangelho de Lucas se apresentam outras duas parábolas unidas pela mesma temática de perdidos que foram encontrados. Um detalhe importante que nos amplia esta passagem paralela é quando afirma que as noventa e nove não ficaram no aprisco, como diz um hino, mas ficaram no deserto, como diz a Palavra. Isto muda totalmente a impressão que sempre nos tem causado esta parábola, desde fazê-la terna e motivadora, até torná-la direta e desafiante.

Nessa curta, mas substancial passagem de três versículos (18.12-14), encontramos quatro afirmações que são muito importantes quando estamos pensando e nos preparando para cumprir o compromisso que a igreja tem com os não-alcançados.

A primeira destas afirmações é que alcançar os perdidos é a vontade de Deus, e por isso Jesus Cristo veio. No versículo 11, a vinda de Jesus Cristo se estabelece como a vontade de Deus, e tem um propósito específico e claro: salvar o que se havia perdido. Por esta razão, vemos que a salvação dos perdidos é um propósito enraizado no coração de Deus. Este propósito chegou ao compromisso que deu como resultado enviar seu Filho, Jesus Cristo, para que cumprisse a tarefa redentora, nascida em seu próprio coração desde a fundação do mundo.

A segunda afirmação importante que encontramos nesta passagem é que alcançar os perdidos custa mais que manter os noventa e nove justos. No versículo 12, nos é dito sobre o custo que o pastor está disposto a pagar para buscar a ovelha que se havia perdido. A comparação que encontramos à continuação é um pouco difícil para nós, particularmente para aqueles que não estão familiarizados com a tarefa pastoral. O custo que o pastor está disposto a pagar é o de separar-se voluntariamente de suas noventa e nove ovelhas com o objetivo de sair e buscar uma que se perdeu.

Pode parecer um pouco néscio aos nossos olhos, por parte do pastor, colocar em risco as noventa e nove ovelhas. Sem dúvida, basta que nos assentemos para meditar e refletir sobre o que significa para o pastor a esperança que tem uma ovelha perdida, incapacitada como está de encontrar o caminho por si mesma, de defender-se, de evitar os perigos ao caminhar sozinha pelos campos. Para aqueles primeiros ouvintes desta parábola foi muito fácil compreender que a única esperança que teria esta ovelha era que seu pastor estivesse disposto a pagar o preço necessário de ir, com urgência, em busca dela. Buscar e encontrar os perdidos tem um alto preço, tanto para quem sai quanto para quem fica na igreja, esperando que os perdidos sejam encontrados.

A terceira afirmação que encontramos nesta passagem é que alcançar os perdidos requer mais esforço que manter os noventa e nove justos.

Na expressão "vá pelos montes", o Senhor Jesus Cristo deixa estabelecido que o pastor está disposto, tanto a pagar o custo como a empreender todo o esforço necessário para encontrar a ovelha que se perdeu. Ele não se detém pensando no quanto tem de caminhar, nem quanto tempo será gasto nisto, nem sequer o quanto se cansará neste intento. Tudo o que move o pastor é a urgência de que a ovelha seja encontrada e alcançada, e que seu problema seja resolvido pelo único que tem, em suas mãos, o poder para fazê-lo: ele mesmo.

A passagem paralela de Lucas 15 nos amplia o sentido desta afirmação, quando se diz que o pastor vai buscar a ovelha até encontrá-la. Falando de esforço, nesta passagem se deixa claramente estabelecido que alcançar os perdidos requer de nós uma ação comprometida, cujo único fim aceitável é encontrá-los e pôr o evangelho à sua disposição, onde quer que eles estejam, tanto aqui ao nosso lado quanto até o último lugar da terra. Nada deve deter-nos. Nem o esforço, nem a distância, nem a linguagem, nem qualquer outra coisa que se interponha à visão da igreja por aqueles que estão perdidos. O único final aceitável para uma igreja que se move pelo compromisso para com os não-alcançados é encontrá-los e colocar o evangelho à disposição deles.

A quarta afirmação se encontra no versículo 13, quando nos é mostrado que alcançar os perdidos produz mais gozo que ter os noventa e nove justos que não precisam de arrependimento.

Isto de forma alguma é um desperdício para aqueles que estão salvos. O que esta passagem está dizendo é que o preço pela disposição e o compromisso do pastor de ir buscar a ovelha é o gozo produzido por escutá-la, vê-la, tomá-la em seus braços e colocá-la sobre seus ombros, a fim de levá-la e reuni-la com aquelas que ficaram à espera de sua chegada.

Na passagem paralela de Lucas 15 isto se amplia dizendo que o gozo de encontrar a ovelha que se havia perdido é um gozo que chega até os céus, a ponto de haver uma festa, sabendo que mais um perdido abraçou a oferta da salvação de Jesus Cristo, e chegando assim ao propósito redentor estabelecido por Deus antes da fundação do mundo.

Pareceria que a igreja, ao chegar a este ponto, começaria a se perguntar: Como é possível terminar esta tarefa e pôr o evangelho à disposição de todos os povos e em todo o lugar? Esta pergunta se torna importante quando a igreja pensa na dificuldade que tem para evangelizar seus vizinhos, conservar os resultados de uma campanha, encaminhar os membros a um compromisso de evangelizar sua família ou, em alguns casos, ver algum convertido aos domingos. Neste ponto, nos perguntamos se a igreja á capaz de levar adiante esta tarefa. Este é um bom momento para que vejamos a terceira lição que aprendemos nesta citação bíblica. Nos versículos 17-20 encontramos a segunda menção da igreja neste evangelho. Sem dúvida, ao compará-la com a primeira menção no versículo 18, notamos que se refere à igreja em um sentido distinto, não como a comunidade universal de crentes, mas como a congregação local que comumente chamamos de igreja local. A descrição que se dá nesta passagem nos ensina que Jesus estabeleceu uma igreja para alcançar os perdidos. E nos versículos seguintes descreve os recursos com que a igreja conta para cumprir o seu trabalho.

É muito comum escutar que se mencionam esses versículos fora de seu contexto. É necessário que reflitamos sobre as razões por que elas foram dadas, quais são os elementos que esta passagem nos dá para iluminar nossa compreensão desses três versículos. Em meu próprio trabalho como expositor das Escrituras, diria que esses versos (18.18-20) encontram uma ampla extensão na lista dos dez versículos mais usados fora de contexto nos evangelhos. Vejamos mais detidamente.

A autoridade moral: O versículo 18 menciona que tudo o que a igreja unir sobre a terra será unido nos céus, e que tudo o que a igreja separar na terra será separado nos céus. Esta passagem está estabelecendo que a igreja tem a autoridade moral para cumprir seu compromisso. Esta autoridade se mostra na promessa de que tudo o que a igreja faz sobre a terra com o objetivo de alcançar os perdidos tem um reflexo no Reino dos céus. Que cada porta que se abre diante deles é uma porta que também se abre no Reino dos céus. Muitas vezes se utiliza esta passagem para falar do poder que tem a igreja de romper as ataduras na ordem espiritual, e, sem dúvida, é necessário que comparemos com o versículo 19, onde é esclarecido todo o contexto que se refere precisamente à oportunidade de colocar o evangelho disponível àqueles que não o conhecem.

O respaldo espiritual: No versículo 19, Jesus Cristo promete à igreja que se dois membros desta comunidade local de crentes se puserem de acordo para pedir algo, nosso Pai que está nos céus se compromete a atuar em seguida. Este segundo recurso nas mãos da igreja é muito mais poderoso para ser usado apenas em uma reunião de oração. Por mais que se inclua a oração, sem dúvida aqui está indicando o compromisso da igreja de alcançar os não-alcançados. Não há porta que não possa ser derrubada pela oração concordada da igreja, nem há povo distante que não possa ser alcançado pelo poder da oração. A igreja local tem o poder necessário para cumprir seu compromisso.

A presença de seu rei: Este versículo é utilizado comumente para animar um pequeno grupo de irmãos que participam de uma reunião de oração. Sem dúvida, o versículo 20 deixa claro que Jesus Cristo tem prometido estar no meio de sua igreja, tanto em meio a dois como em três congregados em seu nome. Não importa se esses três são os únicos que estão se reunindo no norte da África, ou na China, ou no Amazonas, ou na cidade de Moscou. O Senhor mesmo tem prometido estar ali, no meio deles. Que tremendo poder é desencadeado em torno da igreja. Podemos nos dar conta, então, de que as igrejas fortes não se medem pelo número de membros, nem pelo tamanho de seus templos, nem pela quantidade de ministérios que apresentam diante dos outros. Mas a fortaleza da igreja se mede pelas evidências da presença de seu Rei. Jesus Cristo mesmo prometeu estar entre eles. Na passagem que encontramos da Grande Comissão, mais adiante, Ele termina dizendo aquela incrível afirmação: "Eis que estou convosco todos os dias, até a consumação dos séculos".

A igreja de Jesus Cristo, como expressão da comunidade local de crentes, tem recebido não apenas o compromisso de ir e colocar a salvação à disposição de todos os perdidos, mas também tem recebido os recursos necessários para cumprir esta tarefa com qualidade.

Quando a igreja diz: "Não posso!", devemos entender que ela está dizendo: "Não quero!", porque já conta com os recursos necessários para cumprir o que seu Senhor lhe determina.

O juízo de Deus para com indivíduos e igrejas que desprezam os perdidos

A quarta lição que aprendemos se encontra entrelaçada através de toda a passagem. É uma série de advertências de que Deus julgará os crentes, assim como a igreja, quando menosprezam os perdidos ao fechar-lhes as oportunidades para serem salvos. No versículo 7, lemos: "Ai daquele por quem vem o tropeço". Esta é uma clara advertência de que Deus julgará individualmente cada crente que põe obstáculos para que os perdidos conheçam o perdão de Jesus Cristo. No versículo 10, somos advertidos de que não devemos menosprezar nenhum dos perdidos, chamados pequenos, e a imagem que Ele nos mostra é que seus anjos no céu não desprendem os olhos de Deus, e estão atentos às suas instruções para trabalhar em favor daqueles a quem Ele esteve disposto a enviar seu próprio Filho para cumprir seu propósito redentor em prol deles.

Encontramos nesta passagem três atitudes incorretas que trazem o juízo de Deus sobre os crentes e a igreja. A primeira se encontra no versículo 5. O juízo do Senhor cai sobre aqueles que não os recebem, que não os convidam a passar a noite, ou que lhes impedem a passagem ao Reino de Deus. E no versículo 6 se adverte que outra razão pela qual o juízo de Deus vem sobre os crentes é por que estes os fazem tropeçar ou lhes põem obstáculos para que possam ser parte do Reino dos céus. No versículo 10, vemos a atitude incorreta de menosprezar os perdidos e considerá-los indignos dos esforços de sair a buscar-lhes e colocar o evangelho à sua disposição.

Esta passagem é um ensino direto, que mostra a igreja como uma comunidade local de crentes que o Senhor Jesus tem chamado e que tem o compromisso de buscar os perdidos onde eles estiverem. Ensina-nos que o Filho do Homem esteve disposto a vir e dar sua vida pelos que estavam perdidos. Então, buscá-los tem um valor muito grande, porque Deus condena o cristão e a igreja que põem tropeços para alcançá-los.

5

O Resultado Esperado da Igreja

Em Mateus 21, começa o relato da última semana de ministério de nosso Senhor Jesus sobre a face da Terra. Nos primeiros versículos o escritor narra a entrada de Jesus em Jerusalém e a apoteótica recepção que lhe deram com um coro de palmas: "Hosana ao Filho de Davi. Bendito o que vem em nome do Senhor. Hosana nas alturas". Ele foi recebido como um verdadeiro rei, sentado em um jumento. O agitado primeiro dia da semana termina no versículo 17, quando se relata que Cristo, em companhia de seus discípulos, "saiu da cidade, a Betânia, e pousou ali".

Neste momento, queremos ressaltar o segundo dia. Tudo o que se sucede tem uma transcendência muito importante, tanto para o povo judeu como para os gentios. Se observarmos detalhadamente, a partir do versículo 18, começa um processo de juízo da parte do Rei dos reis para com Israel, que até este momento havia sido o povo escolhido. Como vamos ver no desenvolvimento deste capítulo, cada um dos elementos necessários para o juízo vai se desenrolando. Este, tal como o vemos, é um passo necessário para terminar o ensinamento dado pelo Senhor Jesus acerca de sua Igreja, e que temos revisado a partir dos capítulos 16 e 18 deste Evangelho.

Este capítulo 21 se estabelece como um ponto climático que começa a desenvolver-se frente aos principais dos sacerdotes e dos anciãos do povo, quando eles pediram conta de sua autoridade para ensinar (v. 8). A passagem começa com uma tremenda lição objetiva: uma figueira que não tinha frutos. Seguem duas parábolas, e logo uma afirmação lapidária que encontramos sobre o povo judeu. O conteúdo deste capítulo e cada um de seus ensinos seguramente são bastante conhecidos de todos nós, e, sem dúvida, creio que poucas vezes os vemos resumidos em forma conjunta. Esta passagem é a essência do ensino de Cristo sobre a visão da Igreja em sua trajetória sobre a Terra. Aqui nos explicará, com a advertência do juízo sobre os judeus, o que a igreja deve ser e fazer para ser aprovada no juízo.

A lição objetiva

Este dia se inicia bem cedo. Jesus começa a caminhada de regresso a Jerusalém na companhia de seus discípulos, como cremos, antes do amanhecer. Seus passos são rápidos e podemos imaginar seus discípulos formando um grupo desordenado, silencioso no princípio, mas que paulatinamente ia conversando cada vez mais. Nesse ponto do trajeto, as práticas que vão acompanhando os judeus evidenciam que o exercício e a hora começam a fazer rupturas entre eles.

De pronto, quando a alva começa a romper a escuridão, algo acontece. Cristo se desvia do caminho e começa a mover-se em direção a uma elevação. As conversas dão uma parada e todos, quase em uníssono, movem suas cabeças para buscar aquilo que atrai a atenção de Jesus e até onde Ele se dirige. Ali, sobre a elevação, encontra-se uma figueira. Jesus certamente viu a sombra daquela figueira, e imediatamente como verdadeiro homem sentiu fome, o desejo de comer de seu fruto e a sensação pulsante na boca quando o doce suco do figo vai escorrendo pelo paladar. Os discípulos certamente têm a mesma sensação. Alguns, de maneira discreta, se adiantam ao grupo tentando ser os próximos a escolherem o fruto e saciar com ele o crescente apetite e a necessidade de seu corpo. Parecia que Cristo estava apelando para os sentidos deles, a fim de a lição objetiva ficar gravada em suas mentes.

Já conhecemos o resto da história. Jesus estende sua mão e busca cansativamente, no talo, em cada um dos galhos, e por fim no solo, e a única coisa que encontra nesta figueira são folhas. A Palavra expressa que Ele proferiu uma maldição sobre ela e disse: "Nunca mais nasça de ti fruto algum", e a figueira secou-se. Por que se secou? É a pergunta necessária dos discípulos, pois o Senhor apenas a amaldiçoou para que não desse mais frutos. É isto que o Senhor deseja que fique justamente na mente dos discípulos, pelo que, quando eles fizeram esta pergunta, o Senhor não lhes contesta diretamente, mas apenas lhes antecipa uma lição sobre o poder de Deus através da fé. A resposta a esta pergunta: "Por que a figueira se secou", encontraremos no restante deste dia.

Antecipando estes eventos, e em particular quando está ensinando sobre o que a Igreja é e faz em sua caminhada sobre a Terra, Cristo estabelece, em primeiro lugar, a importância de buscá-la e logo fazê-lo quando tem fome (v. 18). Estabelece a realidade do juízo quando maldiz a figueira (v. 19) e, seguidamente, prepara suas mentes para receber os eventos daquele dia (v. 20). Ante a pergunta de seus discípulos, responde de modo parcial e fala do poder, mas não da razão; guarda a resposta para mais adiante (vv. 21,22). Sem dúvida, o tema da conversa que acompanhou os discípulos a partir deste momento foi a figueira.

Os acusados: o povo de Israel

O evento seguinte que este capítulo nos relata (vv. 23-27) acontece no Templo, o lugar onde os judeus se encontravam com seu Deus, o memorial de sua presença com eles. A primeira coisa que acontece neste segundo evento é que Jesus ensina ao grupo escolhido que escute este poderoso ensino: os principais dos sacerdotes e anciãos de Israel. Demonstra que este não é um questionamento religioso, e sim político. Como podemos ver, este não é o grupo que tradicionalmente cercava a Jesus, e agora está formado tanto pela liderança religiosa judaica quanto por seus líderes políticos. Eles mesmos declaram diante do Senhor Jesus que são a autoridade, os representantes do povo judeu, quando lhe fazem esta pergunta: "Com que autoridade fazes estas coisas?"

Muitas vezes somos tentados a pensar que a resposta que encontramos nos versículos 24 e 25 é uma tática de Jesus para não contestar diretamente a pergunta deste grupo ameaçador. Basta que meditemos nela por alguns momentos, e nos daremos conta de que a pergunta que o Senhor faz lhes dá a oportunidade de serem sinceros e encontrar a resposta para ambas as perguntas no ambiente. A pergunta de Jesus vai encaminhada a comprovar de quem João Batista recebeu as palavras que dizia. Afirmar que as havia recebido do céu era o mesmo que reconhecer que João Batista era um profeta de Deus, que seus ensinos e afirmações tinham autoridade da Palavra de Deus, e isto implicava que eles deveriam recebê-las e obedecer-lhes. Aqui está o temor dos líderes do povo ao responder: "Não sabemos", e evitar assim, evidenciar sua falta de obediência e seu rechaço à Palavra de Deus. Sem dúvida, como deixa ver o texto, bem no seu interior, este grupo de líderes judeus sabe que o batismo de João era do céu, e, em conseqüência, a autoridade de Jesus foi estabelecida pelo testemunho dos testemunhos: João Batista, o primeiro que deu testemunho quando disse a Jesus Cristo: "Este é o Cordeiro de Deus, que tira o pecado do mundo", e o segundo testemunho, é de Deus, que se manifesta como a Trindade com a voz audível do Pai, que diz: "Este é meu Filho amado, em quem me comprazo", o Espírito Santo que pousou como uma pomba, e o Filho, que sai das águas para cumprir seu propósito redentor. Tal como esperamos, a reação dos líderes judeus é rechaçar a resposta, mas neste momento Cristo estabeleceu claramente quem é o grupo acusado neste juízo: o povo de Israel, que está representado por seus líderes. É a eles que o Senhor se dirige, e estabelece também aquele que é o juiz e qual é a autoridade que tem para julgar. O tribunal está pronto para o juízo.

A evidência

O que lemos na continuação (vv. 28-32) é a recompilação da evidência que o Senhor Jesus traz diante do povo de Israel para o juízo que levava contra eles. Com o objetivo de ilustrar claramente a evidência, e em particular para que eles mesmos sejam aqueles que a identifiquem, Jesus lhes conta uma parábola.

Encontramos esta parábola nos versículo 28-30, que narram a história de dois filhos, e de como estes reagiram à ordem de seu pai de ir trabalhar na sua vinha. O primeiro deles responde: "Não quero", mas depois, arrependido, foi. O segundo disse: "Sim, senhor, eu vou", e não foi. Cristo pergunta a este seleto grupo que questiona sua autoridade: "Qual dos dois fez a vontade do pai?" Eles disseram: "o primeiro". Ao dizer estas palavras, eles mesmos declaram a evidência, e para assegurar que o haviam compreendido, Jesus identifica os fariseus, como o segundo filho, que disseram que iriam trabalhar e não fizeram nada. Só desfrutaram da posição, mas não da responsabilidade. Esta é a evidência pela qual se julga os judeus neste momento, pela qual o povo escolhido de Deus se encontra no banco dos réus.

O segundo grupo representa os gentios, que respondem positivamente ao convite de ir e trabalhar, mesmo quando não têm uma posição, nem o conhecimento de Deus, nem a comissão específica de que através deles o conhecimento de Deus será levado a todas as nações. A expressão "vão adiante" significa que agora os gentios tomam a frente por causa da indolência dos judeus.

Os atos

A segunda parábola (vv. 33-41) é ainda mais dura e direta. Relata a história de um pai de família (Deus), que entrega uma vinha, pronta para ser trabalhada, a um grupo de lavradores escolhidos (v. 33). O pai de família vai para um lugar distante, com a esperança e a certeza de que aqueles lavradores, aos quais encarregou sua vinha, entenderão o propósito e cumprirão o compromisso adquirido diante dele. Aquele pai não pede coisas impossíveis, mas apenas responsabilidade, e o resultado esperado é que "paguem seu fruto a seu tempo" (v. 41).

De sua parte, os lavradores devem utilizar todos os recursos instalados na vinha como é devido, e esperar pacientemente o resultado de seu trabalho. Sem dúvida, eles sequer estão dispostos a fazer isto. No versículo 34 podemos ver que ao chegar o tempo da colheita, o pai de família envia seus servos para que recebam o fruto de seu trabalho. Mas os lavradores, em lugar de pagar-lhes, tomam os servos, golpeiam-nos, e até matam alguns deles como único pagamento para aquele pai de família.

O dono da vinha, porém, é homem paciente e envia outro grupo de servos, que têm a mesma sorte que o primeiro grupo que fora enviado. O pai de família se põe a pensar que se enviar seu próprio filho, eles terão respeito por ele. Sem dúvida, ele não conta com a maldade de coração daqueles lavradores, que vêem no filho, o herdeiro da vinha, a oportunidade de apropriarem-se dela, e assim eles o matam. Os lavradores, em seu malvado coração, fazem um plano que os ajudará a cumprir seus propósitos perversos: decidem matar o filho do dono da vinha. Matá-lo significa deixar a propriedade rural sem herdeiros. O pai ainda pode reclamar sua propriedade, mas sem dúvida a dor pela morte de seu único filho o fará desistir ou morrer de tristeza. De qualquer forma, o propósito maligno de apropriar-se imediatamente da vinha parece que está a ponto de cumprir-se.

Cristo ensina, através desta parábola, as causas do juízo que foi processado contra o povo judeu. Podemos identificar quatro delas ilustradas nesta parábola: 1) Não pagaram o fruto a seu tempo; 2) Maltrataram os enviados; 3) Intentaram apropriar-se da vinha; 4) O que está para acontecer, assassinar o filho do dono. Como Justo Juiz, o Senhor Jesus coloca diante deles as evidências condenatórias e os prepara para o veredicto.

O juízo

Jesus pára o relato e pergunta aos líderes judeus (vv. 42,43):

> Diz-lhes Jesus: Nunca lestes nas Escrituras: A pedra que os edificadores rejeitaram, essa foi posta por cabeça do ângulo; pelo Senhor foi feito isso e é maravilhoso aos nossos olhos? Portanto, eu vos digo que o Reino de Deus vos será tirado e será dado a uma nação que dê os seus frutos.

Seguramente, os principais dos sacerdotes e os anciãos do povo não se deram conta da transcendência e da seriedade de suas palavras. O que eles fizeram foi analisar a evidência de sua incompetência e os atos que lhes acusavam neste juízo. Por sua própria boca deram o veredicto, muito claro e direto, e como todas as ações deles, muita falta de misericórdia. Seu veredicto, então, foi: 1) Serão destruídos sem misericórdia; 2) Serão substituídos totalmente.

O povo de Israel fora escolhido por Deus com um propósito bem específico, para que neles fossem benditas todas as nações da terra. Nas palavras de Salomão: "Assim, todos os povos da terra saberão que o Senhor é Deus e que não há outro" (1 Rs 8.60 – NVI). O Senhor, frente a esta figueira, havia estendido sua mão e não encontrara nada. Ele buscava pessoas de todas as nações, dispostas a se submeter sob sua autoridade e a reconhecer Jesus Cristo como seu Filho Amado. No entanto, encontrou apenas folhas, e nada de fruto.

Chama poderosamente a atenção que, como resposta ao veredicto dado pelo povo, Jesus lhes recorda uma porção das Escrituras, precisamente o Salmo 118. Ao observar de maneira detida este salmo, alguns de seus elementos chamam poderosamente a atenção. Em primeiro lugar, é um salmo que mescla louvor com pedido de libertação do povo. Recorda, de forma contínua, a misericórdia do Senhor e, sobretudo, o versículo 26 foi repetido pelo povo ao recebê-lo, antecipando que a salvação e a libertação haviam chegado. Mas agora que os líderes do povo haviam desprezado essa misericódia, Deus a coloca em um lugar predominante. Sem dúvida, este foi o melhor preâmbulo para o anúncio do veredicto do Senhor Jesus sobre o povo de Israel.

6

O Fruto que Cristo Espera da Igreja

~~

O texto de Mateus 21.43 é talvez uma das declarações lapidárias mais tristes proferidas sobre os judeus, mas também uma declaração gloriosa que institui o ajuste da comissão de estabelecer o Reino sobre a face da terra. Reproduzo abaixo este versículo transcendental:

> Portanto vos digo que o Reino de Deus será tirado de vós, e será dado a uma gente que produza frutos dele.

Neste momento, como resultado do juízo que o Senhor havia lançado contra os judeus, Ele analisa a evidência, escuta o veredicto que eles mesmos lançam e confirma a sentença ao declarar que a partir de sua morte e ressurreição, a comissão de estabelecimento do Reino de Deus será tirada do povo de Israel e dada a uma nova gente — a do novo povo, a igreja, que recebe este enorme privilégio exatamente com a mesma comissão.

É muito importante notar que este versículo ressalta a misericórdia de Deus. Diferente do que os judeus haviam proposto, uma situação completa e uma destruição absoluta, o Senhor deixa aberta a oportunidade para que eles possam integrar o povo do novo pacto, através da declaração gloriosa que podemos ler em Mateus 16.18, sem importar a genealogia, observância da lei ou época de nascimento.

Vale a pena perguntar neste momento qual era o fruto que o Senhor buscava no povo de Israel. Desde suas origens, este povo manifestou o propósito deliberado de Deus para o seu estabelecimento. O surgimento da nação de Israel se inicia em um ambiente multicultural e multiétnico, pois era mais um grupo nesse grande conglomerado de nações que os rodeavam. Sem dúvida, este é o plano de Deus, que decide escolher um homem para dar-lhe um grande nome, e fazer dele uma grande nação com um propósito especial: "Em ti serão benditas todas as famílias da terra". O amor, o desejo e a compaixão de Deus para que ninguém pereça seguem vigentes. De acordo com seu plano, está estabelecendo uma nação que possa "dar testemunho da fé já vista na terra da promessa e desde a terra da promessa"[6]. Todas as nações deveriam ver os resultados da aliança abraâmica com Deus, e o povo é chamado agora para demonstrar que era possível entrar em uma relação com o Deus verdadeiro, e que um povo poderia viver por inteiro para o serviço de Jeová. Da mesma maneira, devemos perguntar qual será o fruto que Ele espera deste povo no Novo Pacto, que, como vimos a partir do capítulo 16, está constituído por todas aquelas pessoas que formam esta comunidade universal de crentes. É a igreja que agora tem parado com a responsabilidade de estabelecer o Reino de Deus sobre a terra. Sobretudo, porque como o pai de família tem o direito de, em qualquer momento, buscar com suas mãos o fruto. Qual será o fruto que o Senhor espera de sua igreja?

Mateus 18.18-20 é particularmente importante porque ali encontramos a resposta mais clara e conclusiva. Esta passagem, conhecida como a Grande Comissão, contém as últimas palavras proferidas pelo Senhor Jesus Cristo, que dão resposta a esta combinação de sentimentos que os discípulos estavam experimentando quando se aproximava este momento. No versículo 17, podemos ver uma combinação de adoração e dúvida. Adoração porque já tinham compreendido que Ele era o Filho de Deus, que havia sido morto e ressuscitou, e que voltaria à destra de seu Pai. Mas duvidavam de sua capacidade de cumprir as altas expectativas do Senhor, em relação aos frutos esperados. A partir do versículo 18, o Senhor Jesus estabelece claramente que o único fruto que lhe agrada são os discípulos obedientes à sua Palavra, e em todas as nações. Tudo o mais, não importa quão bonito, popular e limitado seja, são apenas folhas que adornam a igreja e cumprem alguma função para o seu crescimento. Mas quando Jesus está novamente diante do povo do novo pacto, sua Igreja universal, a pergunta será: Onde estão os discípulos de todas as nações que obedecem à sua Palavra? Onde estão os cristãos incondicionais que a igreja produziu para a transformação de Jerusalém, da Judéia, de Samaria e dos confins da terra?

O Senhor nos chama neste momento crucial da história da igreja na América Latina para encabeçar um movimento de transformação. Isto com o propósito de que a igreja volte às suas origens e redescubra a imagem que estava no coração de Deus quando nos revelou este mistério escondido pelos séculos.

É a hora, e espero que não seja demasiado tarde para que iniciemos uma campanha de transformação da igreja — transformação em seu chamado e em seu compromisso. Devemos revisar seu propósito e voltar às coisas sinceras que lhe deram origem. Não é apenas tempo de somar um novo ministério e de introduzir o tema missionário na saturada agenda da igreja, mas também de se voltar para a Palavra e refletir no que a Bíblia diz acerca da razão da igreja sobre a face da terra.

---

[6] Núñez Emilio Antonio, *Hacia una misionología evangélica latinoamericana*, Comibam/Unilit, 1997, p. 140.

PARTE II

O PROCESSO DE DESENVOLVIMENTO DA IGREJA

7
COMO PRODUZIR DISCÍPULOS INCONDICIONAIS

É a minha igreja uma igreja forte? As respostas que se ouve para esta pergunta, que está sendo formulada constantemente na América Latina, parecem estar bastante equivocadas. Em essência, ao fazermos esta pergunta, estamos dizendo: "Minha igreja está produzindo discípulos que são incondicionais a Cristo e à sua Palavra, e demonstram isto no seu cotidiano?" A verdadeira medida de uma igreja forte consiste nos discípulos incondicionais que ela tem. Já foi perguntado alguma vez: "Quantos, daqueles que no domingo passado chegaram a ouvir o sermão, têm uma semana frutífera na presença do Senhor, examinando sua vida e caráter, batalhando de joelhos para serem transformados à imagem de Jesus Cristo?" "Quantos estão dispostos a renunciar as obras que faziam antes?" "E quantos têm adotado condutas que muitas vezes tem produzido a animosidade e a ira de amigos e familiares, e às vezes até a perda das relações?" "Quantos deles estão dispostos a deixar o que são e o que têm para perseguirem um chamado claro de Deus, ainda à custa de seus próprios sonhos, expectativas e de sua família?" Esta avaliação nos dá como resultados dados claros: as respostas a estas perguntas nos dizem se a igreja que o Senhor tem posto em nossas mãos é uma igreja forte. No demais, tal como antecipa a segunda epístola de Pedro, é parte dos elementos que serão destruídos, mas o que restar, o que sobreviver àquele fogo, serão aqueles discípulos obedientes à Palavra de Deus, discípulos que a igreja está produzindo nestes momentos e que se unirão à congregação que louvarão eternamente ao Senhor.

Para que os cristãos cheguem a este ponto, é preciso pensar na igreja como produtora de discípulos incondicionais. Este é um processo, e não a soma de diferentes programas que só dão aos membros várias opções de como alterar seu tempo quando se reúnem. A igreja deve trabalhar um processo seqüencial, que constantemente desafie a cada um dos membros a ir avançando em seu desenvolvimento para chegar a ser discípulos incondicionais. Assim mesmo, deve prover oportunidades para que fortaleçam seu relacionamento como o Senhor, de tal maneira que sua vida e caráter estejam sendo moldados à imagem dEle, e para que estejam examinando e avaliando, à luz da Palavra, cada um de seus pensamentos, palavras e ações, com o propósito de estabelecer que estes sejam do agrado de Deus. Os discípulos incondicionais são aqueles que se perguntam com freqüência qual é o chamado de Deus e para onde Ele os está chamando. Como conseqüência, estão dispostos cada dia mais a dar passos de compromisso em direção a este chamado.

Com o interesse de colocar na mente de cada um dos leitores a necessidade de um processo, esboçamos o processo de transformação em apenas três etapas, pelas quais o recém-convertido terá de passar em seu caminho que o leva a se converter em um discípulo incondicional. Tal como você pode estabelecer, o tempo de permanência em cada uma destas etapas depende do crescimento pessoal de cada um, e não é, por conseqüência, um processo mecânico, ao qual podemos dar uma data de início e de finalização, como se estivéssemos produzindo um chocolate.

Relação com Cristo

Nesta primeira etapa se inicia a vida espiritual do recém-convertido. Depois de sua conversão, a igreja o conduz ao batismo e a uma participação ativa e responsável nas atividades da mesma. A pessoa começa a dar evidências do novo nascimento, e seu temor pela Palavra é crescente. Esta primeira etapa, poderíamos dizer, começa na rua, no escritório, na universidade ou em qualquer lugar onde um inconverso tem contato com um cristão e manifesta sua decisão de seguir a Cristo. Aqui se inicia um processo na vida do novo crente e a igreja deve estar preparada para ajudá-lo. Durante esta etapa, a pessoa passa por um processo que se inicia desde a conversão até o momento de fazer um compromisso de relação com Cristo. Dependendo do tipo de igreja e de denominação, haverá manifestações externas que deverão cumprir-se a fim de concluir cada um dos passos deste processo, mas o elemento mais significativo para avaliar a melhoria que o cristianismo mostra no meio desta etapa, é dizer, sua relação com Cristo e como esta relação está afetando sua vida, sua conduta e seu caráter.

Aqui a igreja deve propiciar também o ambiente de comunidade que permita, a estes novos crentes, relacionarem-se com outros que têm avançado mais neste processo e que possam guiá-los, para dar o passo seguinte, de moldar sua conduta, como se espera de cada crente. Mesmo assim, a igreja deve prover as ferramentas e o plano de seguimento adequado, para que cada um deles entenda claramente as demandas do discipulado, e acerque-se efetivamente da Palavra, de tal maneira que, de forma regular e devota, possa extrair novos desafios, princípios, exemplos e lições que o ajude a examinar constantemente sua vida e caráter. O tema da obediência incondicional à Palavra deveria ser relevante nesta etapa; e o momento para promover o crente para a etapa seguinte dependerá das mudanças evidentes em seu caráter, particularmente, se este enfrenta os problemas cotidianos com uma perspectiva bíblica.

Esta etapa permite à igreja iniciar o fluxo dinâmico por meio do qual aqueles que já estão nas etapas posteriores, possam tomar, por sua conta e responsabilidade, a guia, o modelo, o ânimo e a supervisão dos que vão por esse passo. Este, em essência, é o processo do discipulado. A igreja deveria determinar alguns padrões que permitam estabelecer a estrutura necessária, para que o discípulo possa passar à etapa seguinte, de uma forma e modelo que sejam compreensíveis, não apenas para o que está trabalhando por sua própria transformação à luz da Palavra de Deus, mas também para aqueles que o estão ajudando no processo, assim como para o resto da liderança da igreja.

Se observarmos em termos práticos, para iniciar este processo é necessário que o evangelismo seja um estilo de vida para os membros da igreja. A evangelização, através dos contatos normais e dos relacionamentos que os membros estabelecem espontaneamente, propicia este intercâmbio favorável, não apenas para conseguir a conversão da pessoa, mas também para iniciar um processo de acompanhamento, que será facilitado através das relações que têm cultivado com afinco. Como vemos, este tipo de aproximação é pessoal, não corporativo, e é necessário para que o cristão possa ser encaminhado no processo de refletir a imagem e o caráter de Jesus Cristo em sua vida diária.

Compromisso com Cristo

Nesta segunda etapa, depois que o cristão manifesta seu interesse de servir ao Senhor, a igreja leva-o por um processo que lhe permite provar seu chamado, o qual o encaminha a exercitar-se em seu amor pelos perdidos e a reconhecer a autoridade da igreja.

Este processo inicia-se quando o discípulo já estabeleceu um verdadeiro compromisso com Cristo, e sua vida e caráter têm manifestado um crescente desejo por ser transformado à imagem de seu Senhor, e tem recebido da parte da igreja as ferramentas necessárias para estudar a Palavra de Deus, orar fielmente e, sobretudo, comprometer-se a partilhar sua fé com quem está relacionado.

Durante esta etapa, a igreja leva a cada um dos cristãos por um processo que comprove seu chamado. Tal como o entendemos, o Senhor tem estabelecido uma função específica para os crentes dentro de seu plano para o mundo, através de seu Corpo, que é a Igreja. É necessário que a igreja proveja o ambiente para que cada crente possa entender com clareza o propósito para o qual o Senhor o tem chamado, e que comece a examinar diversas opções. Desta maneira, chegará a saber para onde o Senhor o tem chamado e qual é a tarefa que tem pela frente.

A Transformação da Igreja

O contato e a relação que se estabeleceu na primeira etapa, fortalecem-se na segunda. Aqui o cristão é encaminhado para ter novas experiências de sua relação com o Senhor, e particularmente a examinar as áreas específicas de sua vida que definem o chamado, tais como seu amor pelos perdidos, seus dons espirituais e a forma como usá-los, seu reconhecimento dentro da autoridade da igreja, sua responsabilidade para cumprir as tarefas às quais foi encarregado, sua persistência na busca pelos perdidos que de alguma forma encontram-se relacionados com ele. Nesta etapa também se avalia a inclinação ministerial que começa a emergir do seu contato com a Palavra. A pessoa que está discipulando o cristão, nesta etapa aproveitará oportunidades para colocar cargas de responsabilidade sobre ele. Isto permitirá avaliar seu desempenho e resultado.

Como igreja, necessitamos propiciar o ambiente de segurança para que os discípulos incondicionais que estão recebendo, da parte do Senhor, uma indicação especial quanto a adotar novas responsabilidades e compromissos, sejam respaldados neste processo, e que estes chamados sejam confirmados com a Palavra do Senhor. Assim mesmo, a igreja pode ir examinando a si mesma, e perguntando-se se o Senhor não a está chamando para uma nova etapa de desenvolvimento ou a inaugurar novas áreas de ministério dentro dela. Durante esta parte do processo, a igreja iniciará exercícios, nos quais poderá observar o desempenho do cristão que se encontra nesta etapa, dando-lhe participação em alguns ministérios ou programas. Tal como o pastor pode entendê-lo, alguém pode dizer que o cristão está comprometido com Cristo depois de observá-lo e de estar certo disso, e não porque completou tantas horas de trabalho em tal ou qual ministério. Uma dúvida que pode surgir para o pastor, a essas alturas, é se ele será capaz de atender a quantidade de discípulos que vai produzindo neste processo. Sem dúvida, tal como se tem apresentado na primeira etapa, a tarefa do pastor é a de estabelecer e propiciar um fluxo dinâmico, por meio do qual cada um dos cristãos que estão em diferentes etapas, ajudem e sirvam aos que vêm das etapas anteriores, de tal maneira que a atividade pastoral se distribua entre os que estão adotando cada dia maiores compromissos com o Senhor. A igreja se ocupa, mais que tudo, em propiciar um ambiente de comunidade, de cooperação mútua e, particularmente, de supremacia da Palavra de Deus para desafiar os membros a terem um compromisso mais crescente com o Senhor.

Senhorio de Cristo

Nesta terceira etapa, a igreja leva o crente por um processo que lhe permite provar e fortalecer seu caráter. Este processo encaminha-se para a reprodução na vida dos outros e a busca de oportunidades de mostrar sua capacidade de adaptação a outras situações e culturas.

Esta etapa está desenhada pela igreja a fim de contribuir para que o caráter de cada um dos cristãos incondicionais seja provado e aprovado pela igreja. Entendemos que a prova de caráter não é um aspecto mecânico, nem sujeito a um aspecto bíblico e teológico. Tampouco é resultado de uma participação ou graduação efetiva em uma instituição bíblico-teológica, ou de haver sido um missionário transcultural. Esta parte requer que a igreja estabeleça os canais necessários para conseguir uma maior aproximação e contato discipular com o cristão que está passando por este processo.

Nas etapas anteriores, o processo foi enfocado em um crescimento pessoal. Na primeira delas, em seu compromisso com Cristo, e na segunda em um chamado pessoal. Nesta terceira etapa, tudo em torno da família e do trabalho do cristão entra em consideração, razão por que é necessário que a igreja conte com as ferramentas necessárias para estabelecer quanto tem avançado em poder partilhar a visão e o chamado com o resto de suas famílias, particularmente para uni-los na visão que o Senhor tem dado.

Um dos elementos importantes nesta parte do processo é examinar a reação do cristão frente a pessoas de outras culturas, assim como em situações de pressão, que lhe permitam determinar as áreas de seu caráter que precisam ser aperfeiçoadas. A vida de oração e a devoção na leitura e aplicação da Palavra são duas coisas que se espera que estejam confirmadas e afirmadas em sua vida. O que agora estamos avaliando é a capacidade que tem para enfrentar situações difíceis e extremas no compromisso com Deus, a fim de que sua relação e resultado estejam em função dos princípios bíblicos que Ele estabeleceu.

A igreja, por sua parte, deve propiciar oportunidades por meio das quais os cristãos, que estão passando por esta etapa, sejam provados em seu caráter e sejam estimulados a examinar biblicamente os resultados de sua participação, a fim de determinar aquelas áreas de compromisso que necessitam ser fortalecidas. Quando pensamos que nesta etapa podemos identificar as pessoas que o Senhor está chamando ao ministério pastoral, ao missionário ou a serem cidadãos responsáveis em áreas específicas da vida e da sociedade, nos damos conta de que precisamos refletir seriamente, que precisamos de um processo dentro da igreja o qual permita que cada um dos crentes seja desafiado a um maior compromisso com o senhorio de Cristo em suas próprias vidas. Isso também implica humildade, não apenas na vida pessoal, mas também a própria família, o trabalho, a profissão e cada uma das áreas da vida ao escrutínio da Palavra de Deus e da visão de Jesus Cristo.

Como pastores, assumimos a séria responsabilidade de ir guiando mais de perto os membros que estão passando por esta etapa. Espera-se que o pastor se envolva seriamente com cada um deles, considerando que este é o passo final no processo para declarar que se tem uma vida incondicional para o Senhor e que isto não foi um processo estático, mas dinâmico e de crescimento, por isso não termina nesta etapa, mas inicia as seguintes partes que tem a ver com o exercício do ministério na área que o Senhor tem indicado.

Quando examinamos a igreja à luz destas três etapas de um processo para a produção de cristãos incondicionais, vale a pena refletir se o que estamos fazendo neste momento está encaminhando ou apoiando uma destas três áreas. Suspeito que assim como minha própria avaliação pessoal e ministerial demonstrou, encontraremos muitas partes de nossos programas simplesmente contribuindo para manter, sustentar e ainda entreter os membros da igreja. Não estão aportando significativamente elementos, oportunidades nem o ambiente necessário para que o compromisso com Cristo, o caráter e o chamado sejam demonstrados com um fluxo dinâmico de desenvolvimento que dê como resultado a igreja fortalecida através da produção de cristãos incondicionais que, tal como explicamos anteriormente, são aqueles que estão dispostos a transformar sua vida e caráter para ser o que o Senhor quer que sejam; a mudar seus atos para fazer o que o Senhor quer que façam, e que estejam dispostos a ir aonde

Ele os guie. Estes são os cristãos incondicionais, que o Senhor buscará quando avaliar nossa igreja. Será em função da efetividade com que a igreja tem em produzi-los que o Senhor expressará as esperadas palavras: "Bem está. Servo bom e fiel, foste fiel no pouco, no muito te colocarei. Entra no gozo do teu Senhor".

8

Uma Segmentação Melhor da Igreja

Toda igreja está configurada por segmentos. Dentro dela convivem diversas classes de pessoas que se agrupam por razões que lhes são afins, tais como idade, sexo, nível educacional ou social, etc. Tradicionalmente, a igreja vem tentando tirar vantagem desses segmentos para organizar seu sistema educacional. Ao organizar os membros desta maneira, a igreja ajuda a comunicar a cada um de seus assistentes um conceito de progresso. Mostra-lhes que é necessário passar por diferentes níveis que, de forma seqüencial, vem contribuindo para o seu desenvolvimento, a fim de chegar a serem cristãos maduros, discípulos (ou algum outro distintivo), como meta que a igreja tenha trazido para eles.

É natural que se copie a segmentação do sistema educacional para adaptá-la à igreja e assim gozar de uma aceitação tácita daqueles que, encontrando-se no meio deste sistema ou tendo passado por ele, encontram sentido e justificação a este ordenamento dentro do processo.

A Transformação da Igreja

A igreja enfoca seu esforço em desenvolver os que têm passado com êxito pelo processo seqüencial de idades do sistema educativo. Sem dúvida, pareceria ter as seguintes premissas: 1) Os meninos não estão preparados para receber ensinamentos sólidos; 2) Os jovens não possuem ainda a maturidade; 3) Os adultos são suscetíveis de serem encaminhados à maturidade. Como conseqüência, focamos-nos naqueles que já têm mostrado algum grau de desenvolvimento em sua vida secular ou familiar, naqueles que já passaram por um programa universitário, que tenham uma profissão ou um trabalho estável, ou que já tenham formado uma família; pessoas que, muitas vezes, são consideradas mais cultiváveis para o processo.

Ao examinar, superficialmente, os resultados que isto tem dado à igreja, devemos reconhecer que apesar dos muitos anos que este processo tem estado regendo a maneira de organizar o sistema educativo secular, o mesmo tem demonstrado que não é o mais adequado para a igreja. Por uma parte, se tem aguçado a brecha de gerações entre os membros, e em outros casos, se tem perdido uma geração em virtude de um conflito de perspectivas.

A igreja, a partir de sua própria perspectiva, tem considerado que os jovens não estão prontos para serem incluídos nos programas sérios da igreja, e lhes é relegado programas paralelos que os distancia do resto da congregação. A partir da perspectiva dos jovens, estes consideram que a igreja não está disposta a aceitá-los, nem a modificar seu sistema para dar-lhes entrada a novas fórmulas e maneiras de aprender, explicar e levar a cabo a vida da igreja, por isto se afastam ou vão para outras congregações.

Em muitas igrejas na América Latina pode-se ver o resultado deste problema. Alguns líderes têm começado a alertar a igreja para que revise sua aproximação da juventude. De muitas maneiras, a igreja está sendo desafiada a considerar que a idade ou a aparência juvenil não definem o compromisso nem a maturidade ou a medida de incondicionalidade de uma pessoa na igreja. Por outro lado, vemos os jovens empreendendo seus próprios caminhos, desenvolvendo seus próprios conceitos de ser igreja sem nenhum interesse ou conexão com a história e o processo de desenvolvimento daqueles que os precederam. São estabelecidos grupos isolados da visão total da igreja e ministérios juvenis que, no melhor dos casos, vivem uma constante incompreensão, desprezo e suspeita do resto da igreja, ou, no pior dos casos, terminam em um rompimento com a igreja e num isolamento do que passa a ser geral.

Basta observar a igreja da América Latina para nos darmos conta de que ela está perdendo os jovens, está envelhecendo e a cada dia é mais forte a luta dos pais para levarem seus filhos à igreja. A tarefa de responder à pergunta: "Por que devo ir a esta igreja?" torna-se mais difícil a cada dia. Como resultado, os pais começam a se conformar com seus filhos que vão a outra igreja, onde pensam que são atendidos de melhor forma. A outra opção é que os filhos comecem a participar de encontros ou ministérios juvenis que desenvolvam eventos que lhe são mais relevantes. E na maioria dos casos, esses são esforços pára-eclasiásticos que levam os jovens a um momento de encontro com seu Deus em uma realidade melhor, e lhes apresentam a mensagem de uma forma mais pertinente. Sem dúvida, ao terminar o evento, os jovens se encontram sem opções para dar prosseguimento a suas decisões e valores adquiridos.

É muito louvável que alguns desses ministérios se desenvolvam. Em particular, devemos agradecer-lhes o importante serviço que estão prestando a essas igrejas que perderam a capacidade de se relacionar com seus jovens. É claro que muitos pais de família encontram-se em dúvida quanto a esses ministros de jovens, ministros de louvor ou grupos de música jovem cristã, pela oportunidade que eles têm dado aos seus filhos de encontrar um sentido para sua vida ministerial; sobretudo, por ser um canal para este amor pelo Senhor e pelo serviço a Ele, que os faz sentirem-se enquadrados na igreja, dentro de um contexto de incompreensão e insensibilidade às suas necessidades de expressão e aprendizagem. Sem dúvida, devemos reconhecer também que isto aguça a brecha entre ambas as gerações e, em alguns casos, condena definitivamente a igreja a ir parando, de forma paulatina, sem jovens e sem a pressão de lhes buscar uma solução. Parece que alguns de nossos pastores se conformam ao pensar que os jovens voltarão quando tiverem juízo, quando saírem desta loucura da juventude, se casarem, ou formarem um lar e começarem a se perguntar em que igreja desejam que seus filhos cresçam, e recordem, assim, da igreja de seus pais. Dessa forma, virão a contribuir com o crescimento da igreja por intermédio da via biológica, quando a pressão de buscar soluções para seus filhos faça-lhes esquecerem-se de suas próprias lutas e sofrimentos como jovens na igreja. Mais uma vez, se iniciará o círculo vicioso de verem seus filhos a cada ano passando de uma classe para outra, por causa de sua idade, em meio a um emocionante serviço de promoção da Escola Dominical, ao culto infantil ou qualquer que seja a denominação que se prefira.

Quando olhamos na direção oposta para os meninos, surpreendentemente estamos cometendo os mesmos erros. Começamos a planificar a forma de estruturar a Escola Dominical para levar as crianças a um processo de desenvolvimento. Colocamo-los por idades e escolhemos os mestres em função de sua capacidade de mantê-los quietos, entretidos ou dentro da sala dos alunos de sua idade. Nós nos conformamos com o fato de que os meninos memorizem um texto bíblico, pintem a folha correspondente à lição do dia e mostrem seu aproveitamento fazendo fila para receber o lanche. Em alguns casos, as classes de crianças cumprem o sagrado labor de mantê-las tranqüilas e em um lugar retirado, enquanto os pais aproveitam seu programa, feito por, para e com adultos.

Sem dúvida, o panorama não é nada animador para muitas igrejas em nossos dias. Há alguns anos li este comentário que me ajudou a pensar bastante e a explicar esta situação:

> Desafortunadamente, muitas igrejas de hoje têm esquecido quase por completo esta verdade importante, e a divisão das pessoas em grupo se faz de acordo com a sua idade e maturidade espiritual. Caímos, assim, no erro de superestimar a uns e desestimular a outros, alimentando de forma indevida apenas 5%. Em geral, nos concentramos em 5% e nos alegramos por ir bem com eles, e nos esquecemos dos 95% que têm fome espiritual.[7]

É importante que nos perguntemos: "Até quando nos demoraremos em dar conta de que o sistema não funciona?" "Ou quantos jovens mais teremos de perder, por um tempo ou permanentemente, para que nos demos conta de que necessitamos reavaliar a forma como segmentamos a igreja?" A igreja na América Latina está mudando. Esta mesma pressão tem causado falhas em algumas, de tal maneira que começaram a modificar seus programas com diferentes lucros, alguma satisfação e, sem dúvida, em meio a muita oposição.

Ao buscar uma forma melhor de segmentar a igreja, encontramos uma valiosa informação em 1 João 2.12-14. Esta passagem é dirigida à igreja que enfrenta de maneira relevante a segmentação de seus membros. O apóstolo João estava bastante consciente das necessidades dos jovens. Ele mesmo havia tomado este papel entre os discípulos de Jesus Cristo, fora convidado a participar de um grupo que o Senhor mesmo havia selecionado com o propósito de estabelecer os valores do Reino no mundo, a partir de seu retorno aos céus. Ele sabia o que era ser parte integrante da discussão em que os adultos vêem os jovens com essa mescla de misericórdia e reclamação em seus rostos. Misericórdia pelos pobres jovens sem experiência que querem participar, e recriminação porque não ficam calados por causa de sua idade.

Na passagem, o apóstolo segmenta a igreja em três grupos: meninos, jovens e pais. De maneira surpreendente, prosseguindo a leitura, damo-nos conta de que esta classificação não tem a ver com a idade, mas com o grau de desenvolvimento espiritual, de tal maneira que a forma de encaixar ou situar em um ou outro grupo depende do grau de aproveitamento que se tem a verdade transformadora de Jesus Cristo, assim como da forma que se pratica "tudo o que eu vos tenho ensinado", como Jesus Cristo mesmo descreveu em sua mensagem. De modo interessante, os termos "palavras" e "ensinado" estão relacionados com o grau de desenvolvimento que se tem no processo de aprendizagem, e não puramente com conceitos intelectuais, em particular com a habilidade e capacidade de aplicá-las às circunstâncias cotidianas.

Quando João diz: "meninos", "filhinhos" ou "queridos filhos", como aparecem nas versões mais populares, está referindo-se àqueles que estão sendo criados nas primeiras etapas de seu crescimento espiritual.

Segundo esta passagem, este primeiro nível de desenvolvimento do cristão, o de "meninos", corresponde àqueles membros que sabem que seus pecados foram perdoados e que conhecem o Pai, mas não têm o mesmo conhecimento profundo que os pais; contudo, possuem uma fé simples e infantil. O apóstolo João utiliza este mesmo termo em várias ocasiões em sua primeira epístola, para referir-se àqueles cristãos que, ainda que tivessem um conhecimento básico que os levava à salvação, ainda necessitavam de uma direção para continuarem crescendo. Encontram-se neste grupo os novos convertidos e aqueles que, mesmo tendo militado por um bom tempo na igreja, estão enfrentando algum problema ou circunstância difícil que os faz precisar de cuidados, atenção e supervisão. Cada um deles, como os meninos, precisa de acompanhamento durante as experiências cotidianas ou quando surge um problema em particular, a fim de aprender novas habilidades ou aplicar a Palavra a situações e circunstâncias particulares. Os meninos espirituais necessitam de pais ou jovens para encaminhar esta primeira parte do processo, antes de aprender a fazê-lo por si mesmo, por meio do exemplo e de mentores.

Os "jovens", como os chama João, são aqueles cristãos que já venceram o Maligno pelo conhecimento da Palavra de Deus. Eles não são enganados pelas mentiras nem pelas armadilhas de Satanás, que é descrito aqui como o inimigo do ser humano. Eles podem prevalecer na batalha porque sabem como lutar. O termo que o apóstolo utiliza tem a ver com aqueles que estão em constante luta e conflito, mas que, no meio das batalhas, também estão colhendo constantemente a vitória. Encontram-se neste grupo aqueles cristãos cuja aproximação com o Senhor e os constantes descobrimentos de uma relação sadia com Ele, enche-os de entusiasmo e ânimo para seguir avançando no processo de desenvolvimento espiritual. Ressalta a diferença que se faz ao Maligno como personagem antagonista no drama que se vive no processo de chegar vitoriosos à estatura de Cristo. Os jovens espirituais já passaram com êxito pelo processo de aprendizagem e agora dão novas evidências de aproveitamento. A cada dia batalham com o problema cotidiano, mas crescem constantemente no exercício de sua fé e na aplicação prática da Palavra em suas vidas. Eles mesmos estão estabelecendo-se como exemplo aos que vieram da etapa anterior, e a cada dia acumulam as ferramentas necessárias para guiar os jovens pelo processo que eles têm seguido com relativo êxito.

Os "pais" desta família espiritual são descritos aqui como sendo aqueles cristãos que evidentemente conhecem a Deus, como fruto de uma relação íntima e frutífera. Funcionam reconhecendo que o Reino de Deus se estabelece tanto entre eles mesmos como no céu, e decidem de maneira voluntária submeter cada parte de sua vida e experiência ao Senhor, e aperfeiçoar suas vidas para se parecerem mais com aquEle a quem conhecem. Assim como o esposo conhece os pensamentos e desejos da esposa depois de vinte anos de casados, os pais espirituais conhecem os caminhos de Deus. O termo que o apóstolo João utiliza para referir-se aos pais dá a idéia dos iniciadores de uma família, e, neste caso, uma família espiritual que requer de alguns, graças à sua maturidade espiritual, inspirar os mais jovens, assim como educar e ajudar os filhinhos que iniciam sua jornada espiritual. O interessante é que João os chama de "pais", não adultos, nem outro termo que tenha a ver com maturidade. Ele o faz para deixar claro que há uma estreita relação entre cada um dos membros desta família espiritual. Esta é uma relação que envolve responsabilidade com o desenvolvimento dos demais membros. Os pais, que aqui se mencionam, têm a capacidade de iniciar os meninos na importante aventura da vida espiritual.

Também têm a ferramenta para guiar os jovens no exercício constante de aplicar a Palavra à sua vida. Da mesma forma que na vida familiar, espera-se que as ações dos pais falem mais forte que suas próprias palavras, e que cada instrução ou requerimento aos seus filhos ou aos jovens espirituais venham acompanhados de um exemplo onde eles mesmos mostram tanto a aplicação como os resultados de fazer as coisas de acordo com a Palavra de Deus. Quando começamos a ver a igreja segmentada desta maneira, identificamos um fluxo dinâmico que se estabelece entre os membros e, por conseguinte, entendemos melhor o que significa o ministério do corpo, a multiplicidade dos dons e habilidades, assim como as funções. Ali é onde damo-nos conta, de uma melhor maneira, que a aproximação da igreja com cada um de seus membros em função do corpo, e sua interação para o desenvolvimento do restante dos membros. Neste ponto, descobrimos que o desafio de cada igreja é tanto o de identificar aqueles que estão em cada nível de desenvolvimento espiritual, como o de criar o ambiente para que cada um desses três níveis seja estabelecido dentro de seu processo. De maneira especial, damo-nos conta de que o maior desafio da igreja é o de gerar um processo dinâmico de produção de cristãos incondicionais que, uma vez tendo entrado pela porta da rua, iniciem-se como meninos, cresçam espiritualmente para chegar a serem jovens, e contribuam a fim de formar famílias espirituais que produzam o ambiente de desenvolvimento espiritual para o crescimento sadio da igreja.

A igreja, que é o Corpo, necessita ter pais que encontrem ali as ferramentas e o ambiente para manter sua relação com Deus, e que possam iniciar novas famílias por meio da evangelização dos que estão ao seu redor. Deve fortalecer as famílias existentes guiando os filhinhos no processo de chegar a conhecer a Deus e sua Palavra, e mostrando-lhes a maneira de colocar em prática, assim como lhes dar as ferramentas para que possam aplicá-las às circunstâncias difíceis da vida. Necessita que estes pais acompanhem os jovens em suas lutas e anime-os, mostrando-se para eles como exemplo de haver permanecido firmes e fiéis, e apresentando-lhes as vitórias que o sangue de Cristo lhes tem dado. Qualquer segmento que ignore esta categorização que o apóstolo João apresenta-nos perde a capacidade de descrever a igreja como um corpo e organismo dinâmico, que se mantém em constante desenvolvimento e crescimento. Por outro lado, faz com que os membros se percam em uma infinidade de ministérios que os situa claramente onde estão no processo de desenvolvimento, e tampouco lhes diz quanto falta avançar para alcançar a meta. O mais preocupante de tudo é que se comunica de modo errôneo aos membros que a maturidade está em função de uma participação mais ativa e constante nas atividades da igreja, e que seu crescimento mede-se em valores subjetivos, como a aparência ou a participação nos ministérios da igreja.

Em várias ocasiões se tem feito uma avaliação de pastores com um exercício prático de segmentação da igreja em três níveis. Tem-se mudado os nomes para tornar mais compreensível o exemplo, e, em particular, para evitar o pigarro nas respostas dos pastores. Eles mesmos têm definido os mínimos necessários que devem ser apresentados em cada um dos níveis para ser suscetível de promoção ao nível superior imediato. Tem-se observado duas coisas importantes. Por um lado, os pastores têm claro o que é que cada membro necessita para mostrar tanto seu compromisso incondicional com Cristo quanto o chamado. Por esta razão, neste exercício que tem sido praticado em diversos países da América Latina, as respostas que se dão acerca das características necessárias para cada um dos níveis são extraordinariamente parecidas entre os grupos de pastores de diferentes países. Por outro lado, quando ao final do exercício se lhes convida a que calculem quantos membros têm em cada um dos três níveis, a maioria dos pastores reconhece, com preocupação, que em suas igrejas sequer estão firmando os membros no primeiro nível. Muitos pastores têm expressado que ali, no meio do exercício, ficou clara a origem de diversos problemas que estão enfrentando em diversas congregações.

Com a ajuda dos resultados obtidos neste exercício, nos capítulos seguintes se apresentará o processo de desenvolvimento que a igreja será capaz de estabelecer de maneira compreensível. Este processo não apenas deve orientar e guiar os membros da igreja à maturidade, mas deve fazer com que cada um deles esteja consciente disso em qualquer momento, e seja em qualquer dos três estágios que esteja ocorrendo, o quanto tem avançado e o quanto lhe falta para chegar à meta de "ser apresentado perfeito em Cristo Jesus", como resultado do ambiente criado pela igreja e sua responsabilidade de seguir este desenvolvimento. A continuação se esboça de forma geral no processo que estará se desenvolvendo nas páginas seguintes.

A Transformação da Igreja

PASSO A PASSO

Segmentação segundo IJoão 2.12-14

Primeiro segmento: meninos espirituais

Enfoque ministerial: Aqui se incluem os novos crentes que são atendidos espiritualmente desde sua chegada à igreja e induzidos a um compromisso evidente com Cristo.

Processo de desenvolvimento: Pode ser dividido em dois passos:

⇒ que sejam enfrentados com a decisão de aceitar a Cristo e mostrem interesse por assistir à igreja de forma regular e comprometida;

⇒ que ampliem o propósito identificando-se como cristãos e membros da igreja.

Características: Sabem que seus pecados foram perdoados e conhecem o Pai, mesmo que não seja com o conhecimento profundo que os pais têm, mas com uma fé simples e infantil.

Participantes: Novos crentes, pessoas que estão enfrentando problemas pessoais, circunstâncias difíceis ou um pecado no processo de resolução.

Segundo segmento: jovens espirituais

Enfoque ministerial: Aqueles que têm avançado para este segmento são preparados espiritualmente e se exercitam atendendo aos outros, em particular os do segmento anterior.

Processo de desenvolvimento: Também pode ser dividido em dois passos:

⇒ que mostram interesse e responsabilidade no discipulado e no serviço dentro da igreja;

⇒ que logo depois de haver superado com êxito o passo anterior, sejam responsáveis exercitando seus dons em favor dos outros.

Características: Tem vencido o Maligno pelo conhecimento da Palavra de Deus, e não são enganados facilmente pelas mentiras e armadilhas de Satanás, que é descrito como o acusador dos irmãos. Podem prevalecer na batalha contra o Diabo.

Participantes: Cristãos em franco crescimento e avanço espiritual; participantes responsáveis e ministérios da igreja.

Terceiro segmento: pais espirituais

Enfoque ministerial: Aqueles que se identificam com este segmento demonstram uma maturidade crescente, e são motivados e capacitados para atender aos outros. Estão modelando continuamente como enfrentar os desafios cotidianos e seguindo o chamado de Deus para suas vidas.

Processo de desenvolvimento: Tem o propósito de fazer com que os que passam por este último passo estejam dispostos a seguir incondicionalmente a Cristo até as últimas conseqüências e "até os confins da terra". Sua tripla característica é que:

⇒ são o que o Senhor quer que sejam;
⇒ fazem o que o Senhor quer que façam;
⇒ vão aonde o Senhor os envia.

Características: Conhecem realmente ao Senhor e reconhecem que o Reino de Deus se estabelece em suas vidas como no céu. Da maneira com que um esposo chega a conhecer os pensamentos e desejos de sua esposa, assim os pais espirituais chegam a conhecer o caminho de Deus.

Participantes: Cristãos incondicionais, discipuladores, mestres, candidatos a missionários na etapa final de sua formação, conselheiros provados e aprovados na igreja.

---

[7] Landrey Pablo, "Y su discípulo, ¿dónde está?", em *Apuntes Pastorales*, vol. 10, nº 5, p. 25.

9

O Processo de Desenvolvimento da Igreja

O capítulo anterior nos esboçava uma nova segmentação. Neste capítulo estaremos ampliando, com o propósito de ilustrar da melhor maneira o ponto sobre a necessidade que existe dentro da igreja de estabelecer um processo de desenvolvimento para o cristianismo.

Uma das perguntas do leitor poderia ser: "O que isso tem a ver com missões?" Aproveitamos para enfatizar que o propósito deste livro, mais que falar de missões, é o de falar acerca da transformação da igreja. Nosso raciocínio é que à medida que a igreja se transforma à imagem que Deus estabeleceu nos Evangelhos, entenderá que sua natureza é missionária. Se a base de sua sustentação não é fazer missões, então deixará de ser relevante para seus membros e o mundo.

Quando pensamos especificamente no processo missionário, notamos que este inicia-se com o processo de seleção. Este é o trabalho que a igreja faz para identificar aqueles que têm um chamado e para confirmá-lo. Logo se leva adiante um processo de capacitação, que intenta dar ao missionário o conhecimento e a experiência necessários para que ele possa adaptar-se com eficiência ao campo de trabalho, e chegue a comunicar com efetividade a mensagem imutável em termos e valor que os ouvintes entendam. Finalmente, este é o processo de envio e sustento, que implica desde os trabalhos necessários para financiar a operação no campo de uma forma adequada, até o cuidado pastoral, a supervisão e o estabelecimento da igreja no grupo étnico ao qual foi enviada.

Ao refletir sobre isto, damo-nos conta de que tudo se inicia quando uma igreja é capaz de levar adiante um processo que permita a produção de discípulos, cristãos verdadeiramente incondicionais ao Senhor, e que estão dispostos a passar pelo caminho necessário para cumprir o chamado de Deus. Nada substitui o processo que é indispensável na igreja para provar o caráter e o chamado dos cristãos. Em várias oportunidades, temos enfatizado dentro da comunidade missionária ibero-americana, nosso enfático rechaço ao fato de que algumas agências costumam contatar de forma pessoal os candidatos, em vez de contatar a igreja de forma corporativa para apoiá-las neste processo. A razão de nosso rechaço é porque cremos que isto anula a função da igreja que funciona como um filtro que ajuda os que passam pelo processo de capacitação para serem obreiros provados e aprovados por sua igreja local.

Quando reconhecemos a função que a igreja tem como reprodutora de discípulos (cristãos incondicionais), damo-nos conta de que a igreja necessita desenvolver um processo que leve cada um dos membros por um caminho que permita, paulatina mas ordenadamente, ir avançando em seu desenvolvimento até que se considere um cristão incondicional. Ao chegar a este ponto, podemos ver que desta matéria-prima só se pode chegar a três produtos, os quais poderíamos chamar de vocações dos cristãos incondicionais: dizer que são o que o Senhor quer que sejam, fazem o que o Senhor quer que façam e irão aonde o Senhor os enviar.

O desenvolvimento da transformação da igreja

A perspectiva da mobilização das missões tem mudado para mim e me transformado como pastor e mobilizador de missões nos anos em que tenho estado em contato com pastores de todos os países da Ibero-América, e outros pastores e líderes eclesiásticos de outros continentes. Minha experiência inicial com este processo foi aprender que as missões mobilizam-se por necessidade. As primeiras aproximações das missões foram através de fotografias e mapas que apresentavam a realidade do mundo, a quantidade de perdidos e os extremos ou confusões a que sua condição de perdidos os havia levado.

Durante um bom tempo, meu trabalho orientou-se a abrir os olhos da igreja para incluir, dentro de seus programas, pressupostos e planos às missões. A mensagem relevante era que havia a necessidade de pregar o evangelho entre os perdidos. Isto nos levou a desenvolver estratégias, manuais e ensinos que apresentavam a necessidade tão claramente como se fosse possível, para que os pastores encontrassem uma forma de introduzir o programa missionário em suas igrejas através de um comitê de missões.

Posteriormente, o enfoque mudou. Surgiu a proposta de que havia uma forma de resolver o grande desequilíbrio que há no mundo, de alguns que têm ouvido a mensagem do evangelho muitas vezes e de outros que não têm escutado nenhuma vez. Era questão de um plano, recursos e liderança adequados. É possível alcançar o mundo — foi afirmado —, mas é necessário um líder carismático, que seja capaz de mobilizar a igreja em torno da idéia de ser um modelo em nível mundial, que possa levar ao cumprimento desta tarefa. É necessário que os recursos que a igreja utiliza para coisas sem valor sejam canalizados para a obra missionária. Os recursos estão na igreja, porém não são utilizados para alcançar os perdidos. E, por fim, é necessário um plano com o qual todos sintam-se identificados e parte do mesmo, que possam fazer a conexão entre o que estão fazendo e a proposta global, e que se conectem para fazer uma frente comum. Esta proposta terminou no final do ano 2000.

Tais exercícios nos deram muitas lições que podemos aproveitar agora. Uma delas, referente ao primeiro enfoque, é que para a igreja sempre há uma necessidade maior que a evangelização dos perdidos. Parece mentira que a necessidade de investir em uma equipe de som, um novo tapete ou a construção de uma parede, tenha sido tão efetivamente apresentada que chegaram a ser necessidades mais importantes que colocar o evangelho à disposição dos que morrem sem tê-lo escutado.

Ninguém morre ao assistir a um culto em que se canta sem teclado ou se acompanha o louvor com um instrumento que não é de marca e modelo conhecido. Ninguém, até onde sei, tem se negado a crer no Salvador porque a igreja tem um tapete puído ou velho, ou porque sua cor não combina com a nova pintura do templo. Tampouco tenho escutado, em minha peregrinação por muitas igrejas, a história de alguém que desprezou a mensagem do evangelho porque o corredor da igreja era muito estreito ou porque a coluna de uma construção o impedia de ver a tela de projeção onde aparecem as letras dos cânticos. Sem dúvida, conheço diversas igrejas que têm utilizado este argumento para fechar, postergar ou reduzir indefinidamente seu programa de evangelização do mundo, negando a milhares a oportunidade de escutar, pelo menos uma vez, a mensagem de Jesus Cristo.

Quanto ao segundo enfoque, basta revisar a história moderna das missões, e nos daremos conta de que têm surgido líderes com um tremendo carisma, perfeita oratória e capacidade convocatória. Nos últimos anos temos visto claramente alguns deles, verdadeiros gigantes que têm chegado a colocar o tema missionário em um lugar proeminente em diversos congressos e eventos. Recursos não têm faltado, e milhões e milhões de dólares têm sido canalizados para o projeto apresentado. De maneira lamentável, a maior parte deles estão parados, para financiar a execução, festejar eventos-chave com pessoas-chave, discutir ou trabalhar o programa ou projeto, e definir uma nova estratégia para apresentá-lo, ou para a publicidade da entidade, que deve ter o conhecimento para liderar este projeto. No que tange a planos, tem havido alguns brilhantes, que ainda seguem surpreendendo, por seu impulso e cobertura. Claras definições de missão, objetivos precisos e mediáveis, e projetos de desenvolvimento muito efetivos. Sem dúvida, o desequilíbrio não foi corrigido.

Enquanto isto acontece no mundo cristão, a igreja continua perdida em suas próprias atividades, concentrando-se em dar a seus assistentes o que eles esperam. Seguem construindo templos e organizando congressos, perseguindo o êxito com valores estabelecidos por outros pastores e líderes conhecidos mundialmente. Produzem atividades em lugar de cristãos incondicionais, que estejam dispostos a ser o que o Senhor quer que sejam, a fazer o que Ele quer que façam e ir aonde Ele os enviar. A parte triste desta história é que também se contam em milhares os que, durante este tempo, tem morrido sem conhecer ao Senhor, sem ao menos saber que havia esperança para eles.

O que necessitamos não é de um novo programa, nem de um novo líder carismático, nem de mais fotos ou gráficos sobre a situação do mundo. Tampouco necessitamos chegar até as igrejas e mostrar seu erro, levá-las até às lágrimas por verem o que não têm feito. Este também tem sido outro erro no processo de desenvolvimento missionário. Tampouco isto ajuda os perdidos. A única coisa positiva é ajudar os pastores a fazerem de suas igrejas o que devem ser. Que sejam efetivas no que devem fazer, e que deixem de fazer o que não devem. Então, os crentes serão suscetíveis de serem preparados, treinados e enviados com a certeza de que suas vidas, em qualquer que seja o chamado ao qual respondam, seja para a glória do Senhor e de seu Reino.

A transformação de nosso pensamento

Como pastores, sempre contamos com os bons resultados que a igreja está produzindo. Esperamos que cada um de seus membros encontre nela os elementos necessários que o desafiem e preparem para logo ser apresentado como cristão incondicional ao mundo e à igreja. Cada programa, cada nova mudança no processo e no trabalho da igreja se faz pensando nisto. Buscamos produzir mais e melhores discípulos, e a realidade está bem à vista. Basta perguntar qual tem sido o impacto que nossos membros estão fazendo à sua volta para obter as respostas.

Uma das maiores preocupações da igreja na América Latina é ter chegado à conclusão de que somos muitos, mas com pouco impacto. Lembro-me com tristeza de uma declaração que escutei de uma pesquisadora que analisava a realidade da igreja em meu país, quando nos sentimos tão orgulhosos de ter o primeiro presidente evangélico da América Latina. Por algumas razões, ela se sentiu responsável por chegar até o meu gabinete pastoral e prestar contas de sua avaliação, que resumiu com as seguintes palavras: "A igreja na Guatemala tem um quilômetro de largura, mas apenas um centímetro de espessura".

Suas palavras não me foram alentadoras, sobretudo porque apenas dez anos antes havíamos celebrado, de forma apoteótica, nossos primeiros cem anos de presença evangélica no país. O cristianismo evangélico na Guatemala havia crescido em cifras nada desprezíveis nos últimos dezessete anos. Nesse momento, já se contavam mais de 1 milhão de professos, e a população havia aumentado de 5% para 27%. Foi algo difícil de engolir, mas seus dados validaram-se nesse mesmo ano, quando os sucessos políticos levaram a igreja evangélica do país a uma de suas maiores crises de credibilidade e confiança.

Muitos pastores da América Latina podem sentir uma identificação com esta afirmação. Tenho falado em muitos foros, com grupos de pastores de quase todas as tendências teológicas e litúrgicas, e isso mesmo nos preocupa a todos. Como podemos produzir uma melhor qualidade de crentes, capazes de causar um impacto profundo na sociedade? Como podemos elevar a bandeira dos cristãos que atualmente estão saindo de nossos processos na igreja? Como podemos transformar a igreja em uma verdadeira produtora de cristãos transformados, que transformem sua sociedade?

O processo de transformação dos crentes

Como pastores, precisamos pensar na igreja como parte do processo de transformação que a Bíblia promete àqueles que são chamados conforme a sua Palavra. A pessoa que entra pela porta de entrada da igreja, seja qual for a sua motivação, deve encontrar ali um processo compreensível que o ajude a saber, em primeiro lugar, o que tem de fazer para ser salvo. A igreja, como comunidade reconciliadora, deve mostrar claramente em qualquer oportunidade que tenha, o caminho para se chegar a Deus e a forma de alcançá-lo. O propósito da igreja deve ser aproveitar qualquer ocasião para colocar o evangelho à disposição de todos que lhe dão oportunidade para apresentá-lo.

Logo, a igreja deve desenvolver um processo que permita a cada cristão identificar com clareza quais são as expectativas para si mesmo, os passos que têm de dar, as medidas de cumprimento e, sobretudo, qual é a ajuda que a igreja pode dar através de seus diversos programas e membros, com o fim de apoiá-lo no movimento desafiante do processo de chegar a ser um cristão incondicional. Em continuação, proponho o modo de exercício, um processo de cinco passos. São cinco estágios em que cada pessoa que chega a ter contato com a igreja deve passar, desde o seu envolvimento com ela até chegar a ser um cristão incondicional, com um caráter provado e pronto para seguir a voz de seu Mestre para onde Ele o chamar.

Passos para ser um cristão incondicional

Para efeitos deste exercício, proponho os próximos cinco passos para o desenvolvimento do discípulo: indução, identificação, iniciação, envolvimento e incondicionalidade. Para cada um desses passos há um objetivo e um mínimo de atividades que a igreja necessita gerar como apoio ao discípulo e, finalmente, a forma como mostra seu aproveitamento em cada uma das etapas.

Primeiro passo: indução. Este é o primeiro passo que a igreja desenvolve. Tem como objetivo fazer com que a pessoa seja confrontada com a decisão de aceitar a Cristo e mostre interesse em assistir à igreja local. Um dos maiores desafios da igreja é reter aqueles que a visitam. As pessoas visitam uma igreja por diversas razões: propósitos de fim de ano, convites de outros membros ou atividades especiais organizadas pela igreja. Também visitam a fim de encontrar saída para problemas difíceis, por um repentino interesse de saber mais de Deus ou conhecer a forma como os cristãos o adoram. A igreja deve aproveitar qualquer oportunidade para colocar o evangelho à disposição dos que a visitam, qualquer que seja a razão que os trouxe à ela. O primeiro passo, o desenvolvimento do discípulo, demanda da igreja a criação de ações deliberadas para entrar em contato com esta pessoa e criar um ambiente de confiança, que dê oportunidade de permanecer nela o tempo necessário para que o evangelho seja apresentado de forma clara, relevante e em termos culturalmente sensíveis, e então possa tomar uma decisão quanto à ordem de Jesus Cristo de segui-lo.

Neste primeiro estágio, a igreja deve tomar a iniciativa para contatar, registrar e dar seguimento a cada um dos visitantes que tenha em qualquer de suas atividades, assim como desenvolver uma metodologia que facilite a identificação dos visitantes para guiar a pessoa a dar este primeiro passo; a igreja deve ser cuidadosa com este primeiro contato. Este deve ser rápido e efetivo, de tal maneira que permita o estabelecimento de um nível de confiança entre o visitante e a pessoa, ou o corpo eclesiástico que entra em contato com ele, para acompanhá-lo nesta parte do processo.

A Transformação da Igreja

A igreja deve prover a informação clara acerca de si mesma, de preferência escrita e ilustrada em termos adequados para a condição, grupo social, cultural e étnico daquele que a visita. Devemos evitar que a informação para apresentar a igreja seja feita utilizando terminologia religiosa. Tais materiais só funcionam com pessoas que vêm de outras igrejas. Não tenha receio de aproveitar e usar meios literários, publicitários e lemas que ajudem uma pessoa que vem de fora a encontrar sentido para suas motivações.

A igreja deve tomar a iniciativa de desenvolver, pelo menos, os seguintes processos: o primeiro deles é fazer um contato informativo com o visitante. Este momento pode acontecer de diversas formas, mas tente encontrar um lugar onde o visitante tenha a oportunidade de conhecer as informações gerais da igreja, sua proposta de desenvolvimento como pessoa e conhecer, mais de perto, um dos resultados deste processo. A visita informativa, como chamaremos nesta parte do processo, deve ser apresentada de tal forma que além de criar um ambiente de confiança entre o visitante e a igreja, permita a quem faz a visita, conseguir informações valiosas para ajudá-lo a se estabelecer.

A informação que se oferece na visita informativa deve prover dados que dêem a conhecer a informação, o trabalho, as inclinações, os tipos de famílias, a origem e outras coisas, com o fim de facilitar a indução dessa pessoa com grupos afins; enfim, que o ajudem a se sentir mais relaxado e identificado com a igreja.

O contato inicial com a pessoa visitante e a visita informativa, como um todo, têm de estar enfocados em fazer uma aproximação evangelística. Cada um dos visitantes deve conhecer, em formas sensíveis culturalmente, que o propósito da igreja é apresentar a Cristo como o Salvador, orientá-lo a fazer de Cristo o

Senhor de sua vida e prepará-lo para viver uma vida vitoriosa com os recursos da Palavra de Deus, como norma de fé e conduta; a oração, como uma poderosa ferramenta para entrar em contato com Deus; e o Espírito Santo com o poder para viver de acordo com o estandarte de Jesus Cristo. A medida do êxito neste passo é que a pessoa demonstre interesse em assistir à igreja e em conhecer a Jesus Cristo. Nosso fim último deverá ser esta decisão, mas como sabemos não é imediata, e a maioria dos que vão à igreja necessitam de um tempo para entender melhor o chamado à salvação e estar prontos para responder. Uma atitude positiva à mensagem e ao mensageiro é uma porta aberta para alcançar este primeiro passo. Como vemos, o círculo de pessoas que estão em contato com o visitante tem sido ampliado deliberadamente através deste passo, agora com pessoas que partilham com o visitante sua vocação, interesse e desejo de conhecer ao Senhor.

Segundo passo: identificação. Este novo estágio tem como propósito que o assistente regular se identifique como cristão e membro da igreja. A partir de um primeiro passo efetivo, a igreja deve, de maneira deliberada, mas cortês, ajudar a pessoa que tem manifestado seu desejo de assistir à igreja (e tem recebido o Senhor ou mostrado um genuíno interesse em conhecê-lo) a identificar-se. A primeira identificação necessária é como cristão.

Muitas pessoas que assistem pela primeira vez à igreja precisam de um tempo para entender claramente as ordens que Jesus Cristo dá àqueles que querem ser seus discípulos. Muitos chegam de um pano de fundo cristão nominal, o que facilita o processo de identificação, mas outros vêm de ambientes acadêmicos com sérios questionamentos acerca da fé, ou em alguns países, vindos de contextos animistas. Esses têm participado durante a sua vida de uma cosmovisão diferente da cosmovisão bíblica, o que aguça a necessidade de um período de arrazoamento que lhes esclareça as demandas do autêntico discipulado.

Durante o estágio de desenvolvimento, as relações pessoais são muito importantes. O assistente regular agora tem a necessidade urgente de uma pessoa que possa ajudá-lo a entender a igreja, a conversão e o batismo. Portanto, é necessário que a igreja providencie membros que tenham a capacidade e entendam o processo para criar uma relação de confiança, e dessa forma ser o meio de conexão entre o assistente regular e a igreja. Aqui existe a oportunidade de se satisfazer de modo ordenado suas necessidades de conhecimento e experiência, assim como suas relações.

Neste passo do processo, o assistente regular necessita conhecer a demanda de identificação que Jesus Cristo tinha para aqueles que tentavam segui-lo (Lc 9.57-62). A igreja deve prover, para este passo, os meios para que o assistente regular possa saber mais acerca da igreja, desde o ponto de vista bíblico até o estrutural. Deve, assim mesmo, entender cabalmente o significado de ser membro desta comunidade local de crentes a qual agora está assistindo. Necessita ser estimulado a antecipar as oportunidades de participação que a igreja providencia para ele. Ainda assim, necessita saber que Deus lhe proveu, através de seu Espírito, dos dons e habilidades necessários para ser parte ativa em uma comunidade local. É durante este processo que o assistente regular é confirmado em sua fé e animado a identificar-se com ela.

Por sua parte, a igreja precisa providenciar, para este passo, entre outros, os seguintes processos: uma capacitação que encaminha o novo crente até os "primeiros rudimentos da fé" e prepará-lo para uma declaração de sua fé através do batismo. Durante esta capacitação, o assistente regular deve ser desafiado a fazer um compromisso pessoal com o Senhor e ajudá-lo a desenvolver as disciplinas espirituais que lhe permitam afirmar sua fé e manifestar um crescente compromisso com o Senhor. Através da experiência em diversas igrejas, podemos concluir que a forma mais efetiva de pôr esse conhecimento na mente e no coração é por meio de um envolvimento pessoal de um membro da igreja, já avançado no processo, e que entenda que esta é a contribuição mais significativa para o crescimento da igreja e uma mostra clara de maturidade e compreensão no processo de discipulado.

Nesta etapa, é muito importante que aquele que está servindo de facilitador no processo de identificação do assistente regular possa guiá-lo e conduzi-lo a grupos que a igreja tem estabelecido, tais como grupos de estudos bíblicos, companheirismo bíblico ou que enfatizem o crescimento e a maturidade espiritual, assim como as diferentes reuniões que esta igreja provê e que são adequadas a esta etapa de crescimento. A igreja deve assegurar que cada um dos membros que tem chegado a esta parte do processo (que lhes permite iniciar estes contatos) conte com os materiais, o conhecimento e os modelos necessários para serem efetivos em seus serviços. É necessário um mentor para acompanhar e ajudar o facilitador nesta etapa. É importante ressaltar que para esta parte do processo é necessário levar em conta as recomendações que foram estabelecidas no capítulo anterior sobre a fundação da igreja.

A medida de êxito neste passo é que a pessoa manifeste e cumpra seu desejo de identificar-se publicamente como cristão por meio do batismo, e que satisfaça os requisitos que a igreja estabelece para se tornar um membro. Nosso desejo e oração é, ao fim deste passo, que o assistente regular se converta e torne-se um membro da igreja que conhece quão cabais são as demandas do Senhor Jesus Cristo para o verdadeiro discípulo, e que esteja comprometido com seu crescimento espiritual e sua responsabilidade para com a igreja. Para este momento é muito importante que aquele que agora é membro já tenha, pelo menos, um grupo afim na igreja com o qual ele se encontre relacionado e tenha sido aceito e identificado com o mesmo.

Este segundo passo é de suma importância porque a maioria dos que visitam uma igreja perde o interesse de continuar assistindo quando percebem que a igreja tem altas expectativas para aqueles que desejam fazer parte dela, e não entendem claramente o processo para crescer até uma estatura espiritual e pessoal que lhes permita cumpri-la. Também se afastam quando comprovam que os diferentes grupos da igreja são "fechados" e que não há possibilidade compreensível para chegar a ser parte deles.

Terceiro passo: iniciação. Este passo intermediário tem por objetivo que o membro da igreja demonstre interesse no discipulado e no serviço. Agora que ele é considerado como um membro da igreja, deve ser introduzido a um novo passo no desenvolvimento do cristão, onde o processo de discipulado tem suprema importância. Aqui o candidato entenderá o que significa ser discípulo na prática, e se inicia uma série de exercícios por meio de exemplos que permitam começar uma preparação para que possa chegar ao encargo de outros membros que estão no processo de desenvolvimento, da mesma forma como ele foi guiado até este ponto.

Espera-se que neste nível do processo, a pessoa tenha desenvolvido amizades espirituais com outros membros da igreja, particularmente com aqueles que passaram pelo passo de desenvolvimento que ele mesmo já passou, e que possa ter neles um modelo e uma fonte de informação para suas inquietações. Isto facilitará à igreja a seleção de um irmão maior, que cumprirá suas funções de mentor para encaminhá-lo através deste processo. É desejável, mas não imprescindível, que a pessoa que o introduziu nos passos 2 e 3 seja esse irmão mais maduro. Sem dúvida, existe a possibilidade de que, pelo trabalho efetivo deste e o círculo de grupos afins com os quais agora está identificado, as opções de candidatos para cumprir esta tarefa especial e bíblica sejam múltiplas.

A base deste terceiro passo é que o candidato possa desfrutar de um processo de discipulado como a Palavra o estipula. Esta é uma reprodução natural de cristãos comprometidos com os ensinos de Jesus Cristo, que compartilham sua fé e participam dos ministérios da igreja para ajudar outros que, como aconteceu também com eles, estejam se aproximando da igreja em busca de respostas. Chama-se iniciação não porque se deve cumprir certo rito, mas porque o membro será iniciado em ao menos três processos: o discipulado, o companheirismo bíblico para aprendizagem da Palavra e o envolvimento no serviço.

Para o irmão mais maduro, este passo se reveste de uma importância e emoção especial, a de acompanhar um membro da igreja durante o tempo necessário para que chegue a ser capaz de discipular outros e seguir assim o processo de crescimento natural e saudável da igreja. Não é necessário que o irmão de maior maturidade siga um plano de discipulado encaixado e preparado com os que existem na literatura de apoio da igreja. O que se demanda nesta etapa é que a igreja providencie a cada um desses irmãos um processo compreensível de discipulado, um círculo de conhecimentos básicos para partilhar com o candidato a afirmá-lo, como também o assessoramento e prosseguimentos necessários para que este processo prepare um mentor e assegurar a permanência do processo de desenvolvimento do crente dentro da igreja.

Ainda que neste processo haja muito conhecimento para partilhar, a ênfase está em ver o aproveitamento na prática, manifestado em uma participação crescente e cada vez mais responsável em um companheirismo para aprender a Palavra. É neste lugar onde se abre a oportunidade para escutar, aprender e, sobretudo, esclarecer sua apreciação das verdades básicas da Palavra. É aqui que o discipulador pode encontrar uma fonte bastante oportuna de temas de discussão para tratar com seu discípulo, quando comprova sua atitude ou apreciação das verdades relevantes.

Neste passo do processo, o membro tem a oportunidade de ir aumentando sua participação no serviço, em algumas áreas da igreja, sob a supervisão de seu discipulador e da igreja. É do irmão mais experiente a responsabilidade de ir recomendando seu discípulo às oportunidades do serviço ocasional, ou à participação em um ministério que, de acordo com a observação do candidato, possa desempenhar com bom êxito devido o seu conhecimento de Deus, da Palavra e dos dons que manifesta.

O êxito, neste passo do processo, se alcança quando o membro tem manifestado responsabilidade em seu processo de discipular ao cumprir o trabalho designado. Também é necessário que tenham sido feitas experiências vitoriosas de participação em um ou alguns dos ministérios da igreja. Cabe mencionar que a avaliação de sua participação não está baseada em elementos emotivos, como o entusiasmo na participação ou no número de atividades nas quais tem capacidade de participar durante um tempo estabelecido. O que se mede é o caráter manifestado durante esses exercícios. Nesta etapa do processo, essa é a área que se desenvolve por meio do discipulado.

Quarto passo: envolvimento. Este passo seguinte no processo de desenvolvimento tem como propósito que o discípulo seja responsável por exercitar seus dons em favor dos outros. A partir desse momento no desenvolvimento da vida, o crente se chamará discípulo por haver já manifestado um caráter de ensino, serviçal e comprometido com Deus, sua Palavra e a igreja. Agora é quando se conecta o discípulo com o processo de reprodução da igreja, dando-lhe a oportunidade de ser um participante ativo neste processo.

Este passo é muito importante porque a igreja deve prover ao discípulo a capacidade necessária em áreas-chave que o preparem para ser parte ativa e totalmente envolvida no processo de desenvolvimento da igreja. A primeira meta deste processo é fazer com que o discípulo chegue a ser responsável por uma área de ministério da igreja. Depois de haver cumprido com êxito o passo 3, o discípulo tem a capacidade de liderar uma parte dos ministérios nos quais demonstrou uma boa inclinação e cumprimento durante as áreas prévias. Agora, também está capacitado para começar a guiar outros discípulos, como ele, no cumprimento de atividades específicas. Além disso, está sendo exercitado para mostrar cada vez mais um maior reconhecimento da autoridade ao praticar sua responsabilidade, ao prestar contas do que faz, e, sobretudo, modelar o que o discipulado significa para os que seguem os passos dos três processos.

Durante esse estágio, o discípulo será desafiado e capacitado a entender sua responsabilidade para evangelizar aqueles que pertencem às redes naturais de relacionamentos, tais como família, amigos, companheiros de trabalho, estudos, etc. Deve entender, durante seu caminhar nesta parte do processo, que o evangelismo e o compartilhar a salvação são um estilo de vida, e não uma atividade da igreja. Deve conhecer as bases bíblicas da evangelização e desenvolver uma metodologia que lhe permita sistematizar e apresentar de forma pertinente o plano da salvação àqueles com os quais se relaciona. Espera-se, de cada discípulo que participa aqui, que gere novos contatos que visitem a igreja como resultado do impacto que sua vida está sendo para sua família e para o círculo de amizades e de trabalho.

A mente do discípulo se amplia durante esta parte do processo, porque entende com clareza que a igreja tem a responsabilidade de colocar o evangelho à disposição, de modo sistemático e simultâneo, tanto dos que estão próximo como dos que estão longe. Entende também que ele é um participante ativo em ambas as áreas da evangelização. Ele mesmo examina o chamado de Deus quanto à evangelização do mundo e para que área ele foi chamado. Seja esta a sua Jerusalém, constituída dos participantes de suas redes naturais de relação. Sua Judéia e Samaria, que são aquelas áreas onde o impacto da igreja não é significativo e nas quais, tanto a igreja como ele mesmo, tem de fazer ajustes e desenvolver uma estratégia particular para alcançá-las. Trata-se daqueles setores que se encontram escondidos para a igreja, por um assunto cultural, lingüístico ou de descrição social, mas que, segundo a Palavra, necessitam ter o evangelho disponível. Os confins da terra se referem àqueles grupos etnolingüísticos que necessitam de um envio deliberado por parte da igreja para que o evangelho esteja disponível entre eles. Nesta parte do processo de desenvolvimento, o discípulo terá muitas oportunidades de estar escutando e confirmando o chamado do Senhor para sua vida, enfocado precisamente nestas três áreas.

Em virtude de sua participação ativa e crescente liderança dentro dos ministérios da igreja, os discípulos precisam ser capacitados nos detalhes da visão, missão, estratégia de cumprimento, estrutura, quadro legal e outras estruturas que o preparem para tomar posições de liderança mais visíveis. É necessário que isto esteja em consonância com a visão geral da igreja e que ele possa discernir qual é a parte do desenvolvimento da igreja que está apoiando. Sem dúvida, este conhecimento o preparará, todavia, de maneira mais efetiva para ajudar aqueles que, paulatinamente, são postos a seu cargo e debaixo de sua tutoria.

Uma das coisas que faz com que este passo seja um dos mais significativos é que entre os que se encontram nesta etapa do processo estão os que realizaram as visitas de indução dos visitantes e os acompanharam, pelo menos nos primeiros passos do processo. Aqui é onde o discípulo encontra sentido para todo o processo que tem vivido, e é quando começa a aplicar todo o conhecimento que tem acumulado nos passos anteriores. Agora, o discípulo tem a paixão, o conhecimento e a oportunidade de guiar outros não só a Jesus Cristo, mas também a encontrar uma comunidade local de crentes que o ajudem em seu crescimento espiritual.

Logra-se medir o êxito deste passo quando se pode comprovar que o discípulo está cumprindo suas obrigações como membro da igreja, e particularmente quando tem pelo menos uma pessoa recém-ingressada na igreja sob sua responsabilidade e tutoria. É necessário repisar que a ótica de avaliação de um candidato nesta parte do processo se enfoca até num caráter transformado pela Palavra de Cristo, que tem amor pelos perdidos e faz o que pode para contribuir a fim de que o evangelho seja posto à disposição de todos.

Quando a igreja leva efetivamente a um grupo crescente de membros este passo do processo, assegura não apenas um crescimento numérico da mesma, mas também estabelece o processo de desenvolvimento de cada um de seus membros em um nível de qualidade. Agora, a igreja tem os ingredientes necessários para um crescimento sadio, constante e multiplicador.

Quinto passo: incondicionalidade. Aqueles que chegam a ser cristãos incondicionais — quer dizer, cristãos que são o que o Senhor quer que sejam, que façam o que o Senhor quer que façam e vão aonde o Senhor os enviar — fazem parte da massa crítica que faz com que a igreja esteja próxima da Palavra, com um crescimento numérico em sua Jerusalém, Judéia, Samaria, e também estão prontos e dispostos a sair, enviados pela igreja, até os últimos lugares da terra.

Aqui nos damos conta de que aqueles que chegam a este nível têm três possibilidades de chamado. A primeira possibilidade refere-se aos que são chamados para serem pastores, quer dizer, discípulos que dedicam toda ou uma parte significativa de seu tempo e atenção ao ministério dentro da igreja (tem o nome ou posição de pastor ou de outro nível de liderança). São aqueles que, durante o processo de desenvolvimento, como discípulos, tem se dado conta de que o Senhor os tem preparado para servirem na igreja local, no desenvolvimento do ministério ou na implantação de novas igrejas na Judéia ou na Samaria da igreja. Os pastores, por assim dizer, são os supervisores (ou bispos) que supervisionam o trabalho daqueles que se encontram a cargo de diferentes ministérios ou processos dentro da igreja.

A segunda possibilidade é a de ser missionários, quer dizer, discípulos que têm sido chamados por Deus e confirmados por sua igreja local para dedicar o resto de suas vidas, ou uma parte significativa dela para colocar o evangelho à disposição daqueles que vivem nos últimos lugares da terra. Para os discípulos que têm este chamado, é preciso que a igreja providencie os requisitos necessários para que estes sejam capacitados nas áreas de conhecimento bíblico e teológico formal, e a um nível adequado às demandas do campo de trabalho. Este conhecimento dará aos discípulos as ferramentas para extrair fielmente, da Palavra de Deus, as verdades necessárias que serão partilhadas com aqueles que não a conhecem. A capacitação transcultural é outra área, e esta lhes dará as ferramentas para comunicar as verdades bíblicas em termos que sejam culturalmente simples nas comunidades étnicas aonde o Senhor os chame e a igreja os envie. Pela especialização desses conhecimentos, a igreja deverá fazer acordos de cooperação com entidades especializadas, centros de capacitação ou agências missionárias para proporcioná-los aos discípulos.

A terceira possibilidade do chamado é a que denominaremos de cidadão responsável. São aqueles cristãos que Deus tem chamado para servir através de uma profissão ou trabalho, chamado comumente de secular, mas que significa para o discípulo sua estratégia de acesso criativo aos círculos e redes de relacionamento a que pertencem. É importante que no processo de transformação da igreja, esta possa transformar sua mentalidade para reconhecer que este chamado é tão importante quanto os dois anteriores, e que sua importância se manifesta quando a igreja entende que a forma mais efetiva de alcançar sua Jerusalém é ajudando àqueles que têm este chamado a identificá-lo e exercê-lo de maneira eficaz nas áreas onde o Senhor os chamou para cumprir.

Nos gráficos das páginas seguintes apresento o processo de crescimento da igreja através dos cinco passos de desenvolvimento, e a maneira como pode chegar até o último lugar da terra mediante um efetivo desenvolvimento do discipulado.

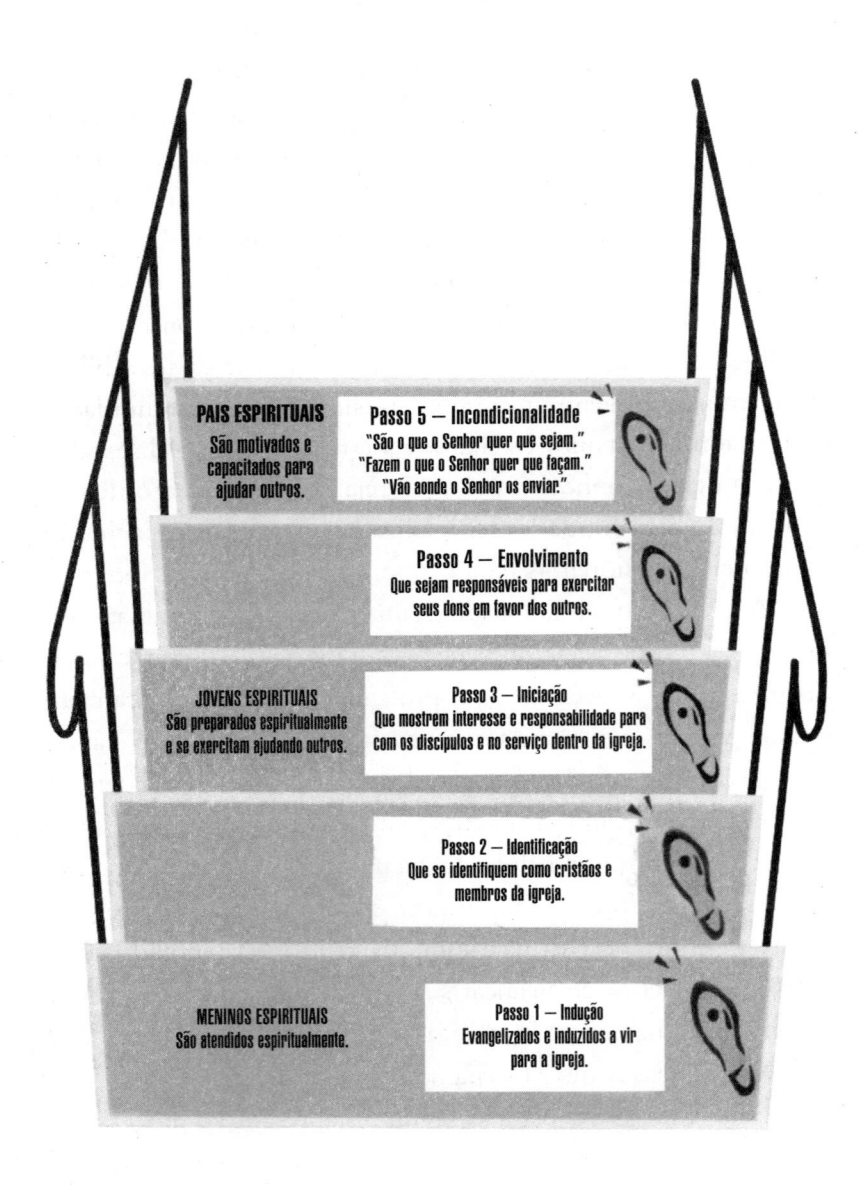

A Transformação da Igreja

PAIS ESPIRITUAIS
São motivados e capacitados para ajudar outros.

Passo 5 — Incondicionalidade
"São o que o Senhor quer que sejam."
"Fazem o que o Senhor quer que façam."
"Vão aonde o Senhor os enviar."

Passo 4 — Envolvimento
Que sejam responsáveis para exercitar seus dons em favor dos outros.

JOVENS ESPIRITUAIS
São preparados espiritualmente e se exercitam ajudando outros.

Passo 3 — Iniciação
Que mostrem interesse e responsabilidade para com os discípulos e no serviço dentro da igreja.

Passo 2 — Identificação
Que se identifiquem como cristãos e membros da igreja.

MENINOS ESPIRITUAIS
São atendidos espiritualmente.

Passo 1 — Indução
Evangelizados e induzidos a vir para a igreja.

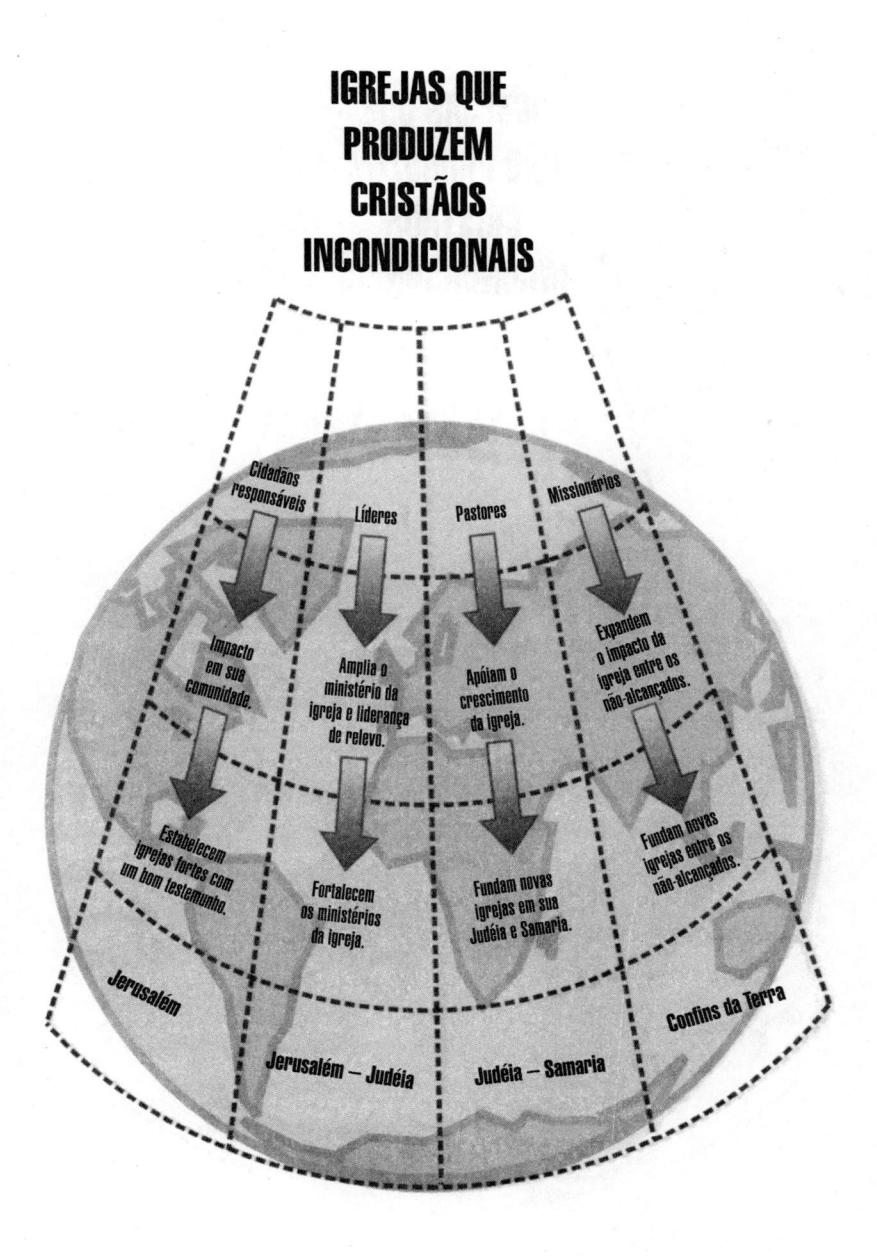

O Processo de Desenvolvimento da Igreja

IGREJAS QUE PRODUZEM CRISTÃOS INCONDICIONAIS

Cidadãos responsáveis · Líderes · Pastores · Missionários

Impacto em sua comunidade.

Amplia o ministério da igreja e liderança de relevo.

Apóiam o crescimento da igreja.

Expandem o impacto da igreja entre os não-alcançados.

Estabelecem igrejas fortes com um bom testemunho.

Fortalecem os ministérios da igreja.

Fundam novas igrejas em sua Judéia e Samaria.

Fundam novas igrejas entre os não-alcançados.

Jerusalém · Jerusalém – Judéia · Judéia – Samaria · Confins da Terra

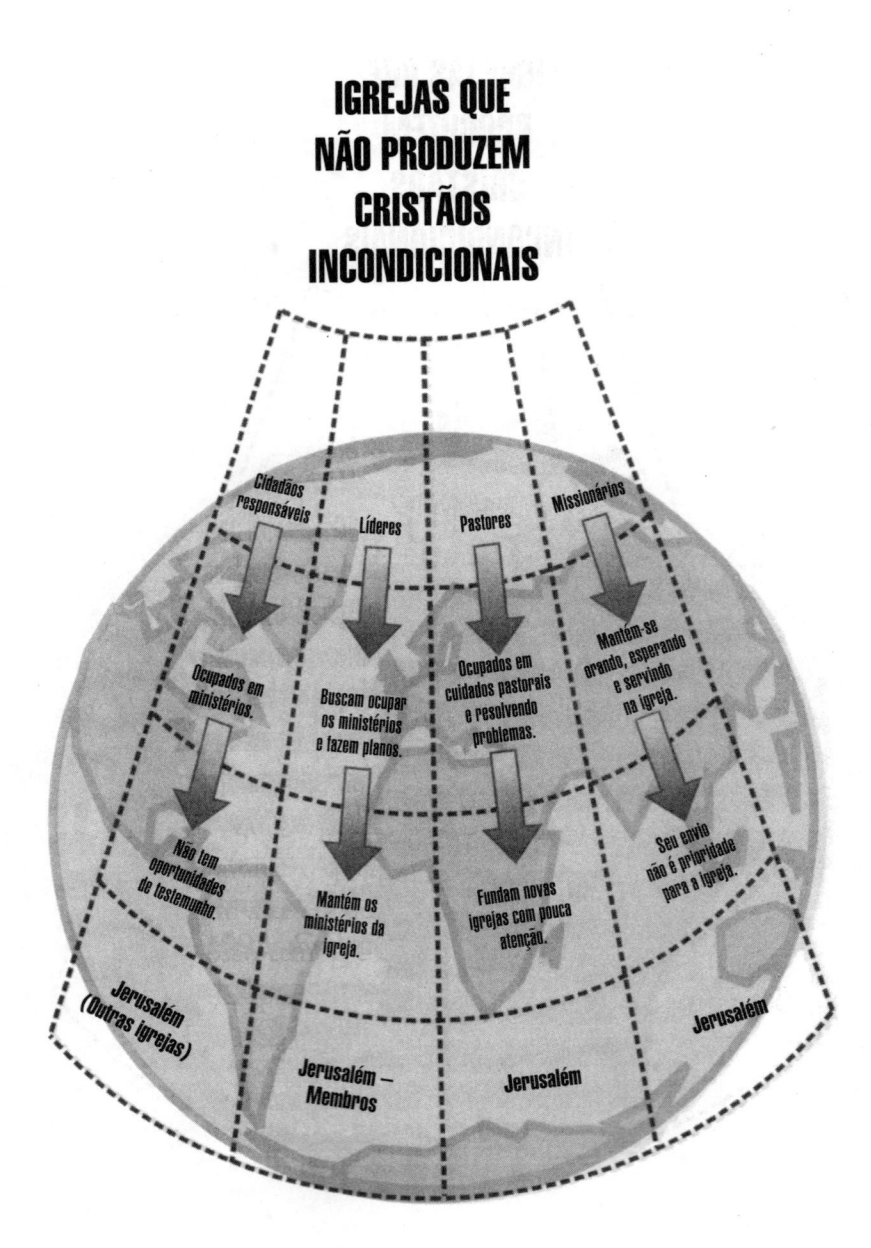

IGREJAS QUE NÃO PRODUZEM CRISTÃOS INCONDICIONAIS

- **Cidadãos responsáveis** → Ocupados em ministérios. → Não tem oportunidades de testemunho. → Jerusalém (Outras igrejas)
- **Líderes** → Buscam ocupar os ministérios e fazem planos. → Mantém os ministérios da igreja. → Jerusalém – Membros
- **Pastores** → Ocupados em cuidados pastorais e resolvendo problemas. → Fundam novas igrejas com pouca atenção. → Jerusalém
- **Missionários** → Mantém-se orando, esperando e servindo na igreja. → Seu envio não é prioridade para a igreja. → Jerusalém

PARTE III

O PAPEL DO PASTOR NA TRANSFORMAÇÃO DA IGREJA

10

A Transformação da Tarefa Pastoral

A transformação da igreja não pode ser levada a cabo sem a liderança de pastores que tenham uma visão transformada do ministério. Tal como vemos nos evangelhos, ao mesmo tempo em que Jesus estava revelando a imagem da igreja, também estava preparando cada um dos discípulos, em particular os doze, para que liderassem o processo de estabelecimento de sua igreja sobre a face da terra.

Se seguirmos primeiro o texto bíblico do livro de Atos, e logo depois a história da Igreja Primitiva, nos daremos conta do tremendo valor de uma liderança conectada com a visão de Deus. A forma de seu estabelecimento, a efetividade de seu ministério e, sobretudo, sua eficiência como instrumento divino para estabelecer seu nome sobre a terra têm demonstrado de maneira tal, que não pode deixar dúvidas de que a igreja que começa naquele Dia de Pentecostes — e sua primeira membresia de 3.120 pessoas — foi liderada por um grupo provado e aprovado pelo mesmo Jesus. Eles levaram a igreja até a sua mais alta expressão, como consta historicamente, até os confins da terra conhecida naqueles dias.

O padrão de liderança da igreja foi desenvolvido à medida que a Igreja Primitiva foi amadurecendo. Podemos seguir o método utilizado para estabelecer os anciãos. Um processo que é dinâmico. É possível traçar três passos no processo de ordenação de líderes. Inicialmente, foram os apóstolos que ordenaram os anciãos (At 14.23). Depois disso, os anciãos foram estabelecidos por aqueles que estiveram próximos aos apóstolos e que participaram com eles do ministério. Por exemplo, Paulo comissionou especificamente a Tito para que este estabelecesse os anciãos em Tito 1.5. E na terceira fase, os anciãos mesmo ordenaram outros anciãos (I Tm 4.14).

Isso permitiu que a igreja crescesse com grande rapidez e efetividade dentro do Império Romano. Movido por isto é que o apóstolo Paulo pôde dizer aos crentes da igreja de Tessalônica: "Porque por vós soou a palavra do Senhor, não somente na Macedônia e Acaia, mas também em todos os lugares a vossa fé para com Deus se espalhou, de tal maneira que já dela não temos necessidade de falar coisa alguma" (I Ts 1.8). Escrevendo aos cristãos romanos, disse aquela famosa expressão para descrever o alcance de seu ministério: "Pelo poder dos sinais e prodígios, na virtude do Espírito de Deus; de maneira que, desde Jerusalém e arredores até ao Ilírico, tenho pregado o evangelho de Jesus Cristo" (Rm 15.19). Mais adiante, nesta mesma epístola, disse: "Mas, agora, que não tenho mais demora nestes sítios, e tendo já há muitos anos grande desejo de ir ter convosco, quando partir para a Espanha, irei ter convosco..." (vv. 23,24)

Segundo pesquisas estatísticas acerca do crescimento do cristianismo nos primeiros séculos, Rodney Stark, em seu livro

Conversion and Christian Growth,[8] estima que partindo da base de apenas 1000 convertidos no ano 40 (biblicamente falando, sabemos que havia mais) e com um crescimento estimado em 40% por década, "haveria 7.530 cristãos no ano 100, seguidos por 217.795 no ano 200". A pesquisa continua sua estimativa mostrando que para o ano 250, haveria 1.171.356; para o ano 300, 6.299.836, e a cifra de cristãos seria de 33.882.008, aproximadamente 56% da população do Império Romano, calculando-se a população em 60 milhões de pessoas.

A liderança da igreja nos primeiros séculos foi significativa para que a ela fizesse um impacto profundo na sociedade, e não apenas em seu tamanho. Como alguns autores o estabelecem, a conversão de Constantino ao cristianismo foi o impulso que o fez crescer, e "deve ser vista melhor como uma resposta à onda de crescimento massivo e exponencial, não como sua causa".[9]

Da mesma forma agora, a demanda sobre liderança da igreja, que geralmente está identificada com a figura pastoral, continua sendo um elemento significativo para definir a imagem da igreja, suas características e sua efetividade. Qualquer processo de transformação da igreja demandará uma mudança do ministério pastoral, de seu enfoque e de sua visão, para que por esta transformação, inicie o caminho que leve a igreja à imagem que Jesus deixou estabelecida.

É necessário então que falemos do pastor, de seu ministério e do ensino de Jesus Cristo. Queremos falar do ministério pastoral desde suas perspectivas. A primeira é a transformação pastoral como resultado de um discipulado profundo. Precisamos corrigir a idéia equivocada de que os institutos bíblicos e seminários são os que formam os pastores. Não duvidamos de que eles exerçam um papel muito significativo ao afinar as ferramentas do pastor, para permitir-lhe o desenvolver de seu ministério. Com certeza, não cabe suspeita de que os pastores são o resultado de um trabalho de discipulado sólido de outros pastores que têm uma visão profunda, e podem ver em alguns de seus membros ou líderes a matéria-prima para fazer deles verdadeiros pastores. Além disso, estão dispostos a pagar o preço de investir tempo, atenção, alegrias e pesares, com o objetivo de modelar diante deles um estilo e qualidade pastoral, que os leve a ponto de estarem preparados para iniciar o processo de aprendizagem final, onde se traça o marco do ministério.

A segunda perspectiva é perguntarmos a nós mesmos: Qual é o rol do pastor na evangelização do mundo? No movimento missionário ibero-americano temos uma frase que com o tempo se tornou como uma descrição: "O pastor é a chave ou o prego das missões". Está provado que os pastores são as pessoas que devem tomar a iniciativa do processo de transformação da igreja, mas especialmente para levá-la até um envolvimento significativo, sistemático e simultâneo na evangelização do mundo. Nesses momentos, podemos contar que milhares de membros de igrejas têm feito, por pelo menos uma vez na vida, a decisão de um compromisso com a obra missionária transcultural. É bem possível que o fizeram em uma conferência em sua própria igreja, em um congresso ou um grupo de intercessão missionária ou de forma pessoal. Ao nos aproximarmos de alguns deles, podemos sentir sua paixão, escutar sua convicção e ver seu compromisso com a evangelização. Também podemos ver neles grandes dons e habilidades, adicionais ou espirituais, que lhes abririam a porta para a contribuição significativa no campo missionário. Quando nos perguntamos o que falta para que essas pessoas cheguem ao campo, muitas vezes a resposta se encontra com o pastor. É ali onde se detém a roda.

Como pastor, posso entender os sentimentos que surgem quando um dos membros chega ao gabinete pastoral e informa que tem experimentado um chamado do Senhor para a obra missionária. A pergunta: "Pastor, e agora, o que devo fazer?", é devastadora quando não temos claro o envolvimento da igreja com as missões, e às vezes nem a idéia de por onde devemos começar. Isto nos tem feito incluir neste livro esses dois capítulos. Sinceramente, queremos dar ao pastor tanto a visão quanto as ferramentas, a fim de que possa não apenas responder a esta pergunta, mas também despertar e promover a vocação missionária entre seus membros. Preparar a igreja e transformá-la em uma igreja com visão missionária é uma das tarefas mais emocionantes do trabalho pastoral, e nesta geração cada pastor que lê estas palavras está sendo chamado a fazer parte dela.

O discipulado no estilo de Jesus

A vida pastoral é muito requerente, mas também muito emocionante. Ser pastor em uma época como esta é um verdadeiro desafio. Sem dúvida, alguns de nós enfrentam a cada domingo o desafio de estabelecer um programa e, particularmente, um sermão que responda às necessidades da variada população de sua igreja. Uma exposição bíblica que responda às perguntas feitas por mentes formadas profissionalmente, e pessoas de diferentes formações cheguem ao seu lar com respostas às suas perguntas mais difíceis.

Quando pensamos no pastorado, devemos entender que não é um trabalho sem discipulado, o epítome do discipulado, para dizê-lo de maneira mais elegante. Dos dons dados para a edificação da igreja em Efésios 4, o de pastor-doutor é o que tem maior relevância, pois complementa a cada um dos outros quatro. Interpreta o líder apostólico e o dosa para a igreja, consolida a obra do evangelista em processos apoiados de liderança. Explica o que é e como se apropriar da obra do profeta. Exerce seu pastorado e magistério para dar resposta às perguntas que traçam os demais ministérios.

No processo de formação pastoral, colocamos mais ênfase no conhecimento, e não tanto no chamado. Em toda a extensão de nossa América Latina encontramos exemplos de pastores que têm um grande conhecimento, desenvolvem um grande trabalho, mas nunca foram chamados para fazer o que estão fazendo. São apóstolos no pastorado, que cada vez indicam caminhos novos às congregações que não têm tempo de absorver a mensagem anterior, quando já tem um novo; evangelistas que servem como pastores e mantém a igreja em movimento e trazem multidões que saem com a mesma velocidade pela porta dos fundos; profetas em função pastoral, que mostram a verdade de Deus tão clara e pura, mas são incapazes de ajudar os membros a que suas pupilas se acostumem ao brilho de cada novo ensino.

Devemos mencionar também que, com estes elementos citados, a tarefa pastoral se volta a um lugar de muita pressão. Outros pastores fixam os estandartes do ministério. Outras igrejas, a medida do êxito, e muitas vezes nos encontramos competindo com imagens pessoais difíceis de superar, e tratando de superar as exigências e expectativas da igreja que ninguém, nem nós mesmos, temos posto. Muitas dessas são a suma de coisas boas de outros servos de Deus do passado, que os membros agora querem ver em nós.

Nesses momentos, temos de nos voltar à Palavra e buscar nela a liderança de Jesus Cristo. Devemos ver o grande Pastor de ovelhas, o Príncipe dos pastores, para conhecer tanto o seu estilo de liderança como o resultado dos mesmos na vida dos discípulos, que tiveram a sorte de ser formados em seu grupo, purificados em sua presença e preparados em sua mesa de trabalho. Esses pastores formaram a primitiva imagem do Pastor que estava chamado a grandes coisas, por ele que fez o maior sacrifício, ao dar a sua vida pela igreja.

Estaremos estudando passagens selecionadas de Lucas, todas unidas pela filigrana do discipulado de Jesus Cristo, a forma com a qual Ele explicou a seus discípulos o seu chamado, ministério e a medida de êxito do mesmo. E nossa oração é que a leitura e o trabalho conjunto possam enriquecer o ministério de cada um dos pastores, e que lhes possa dar as ferramentas necessárias para apascentar com amor a grei que Deus tem colocado a seu cargo. Sobretudo, queremos que eles possam ser liberados da pressão do momento, de criar estrelas no pastorado, esquecendo-se de que a estrela segue brilhando à direita do Pai, havendo deixado um modelo completo a imitar.

Vinho novo em odres novos

A passagem que encontramos em Lucas 5.36-39 resume a perspectiva do Senhor quanto ao discipulado no estilo de Jesus, vinho novo em odres novos. Não só vinho novo, não só odres novos. É vinho novo em odres novos. A ilustração, sem dúvida, fez arrancar sorrisos neles. Seguramente, se recordavam do momento jocoso do rompimento de um odre que, em uma atitude mesquinha, o dono havia decidido ainda aproveitar e economizar alguns denários, mas que agora via perdido no solo o odre, mas também o vinho que havia posto para amadurecer nele. Havia falado em antecipar que o vinho novo é jovem, e que seu corpo o leva a produzir muita atividade química dentro do odre. De sua parte, o odre velho há muito deixou de ser flexível e constantemente se choca com a pressão natural do vinho que busca, por todos os meios, aumentar em graus. O resultado é facilmente previsível: a explosão, o rompimento.

O do remendo é similar, porém em sentido inverso. Aqui, o pedaço de pano novo recém-costurado ainda está buscando o seu lugar. Cada um dos fios de sua costura e de sua teia está tratando de se recuperar da pressão que tem sofrido. Ainda são estranhos ali e não entendem o que tem a ver com a prenda antiga, e dessa forma lutam e se esforçam porque lhes deram um lugar e espaço, sem importar os esforços do tecido antigo, que está mais desgastado pelo uso, de todo seguro em seu lugar, e que pacientemente trata de retê-lo sem alcançá-lo. O resultado é o mesmo: o rompimento. Parece-lhe conhecida a ilustração?

Com esta ilustração, Jesus apresenta o advento de um novo estilo de discipulado, de ministério e pessoas que Ele mesmo está preparando para liderar a igreja. Vejamos, antes de concluir sobre esta passagem, alguns dos eventos que se passaram ao redor do momento no qual foi dada esta parábola, para entender melhor a razão de seu enunciado.

Chamado radical que demanda resposta radical

Vejamos o chamado ao primeiro grupo de discípulos. Essa passagem marca a mudança no processo. Até este momento, o Senhor tem estado trabalhando só, ministrando aos necessitados de saúde e esperança. Ele se encontra na Galiléia, e seu ânimo de alcançar mais pessoas em mais lugares com o evangelho do Reino (Lc 4.43), o leva ao lago de Genesaré. As pessoas começam a se congregar ao seu redor (parecia que tinham um radar para detectá-lo); apesar de sua intenção de se afastar para lugares desertos, as pessoas sempre o seguiam e o encontravam. Sem dúvida, nesta ocasião, seus olhos não estão postos na multidão, mas em um homem que não está interessado em saber quem é Jesus e o que estas pessoas que o rodeavam desejavam. Este Simão está reparando e limpando as redes (5.2). Com certeza, é uma tarefa que se faz com algum esforço, mas com entusiasmo, se você pescou algo. Mas hoje Simão está limpando redes de pedra, lixo e restos de moluscos secos. Isso tudo é o resultado de uma jornada noturna de pesca. Conhecendo Simão, seguramente estava rangendo os dentes. A paciência nunca foi uma virtude relevante nele, e muito menos nesta etapa de sua vida, quando não conhecia o Mestre que tanto bem faria à sua formação como discípulo. Assim, aqui está alguém que não deseja ser discípulo de nada.

Começa então a luta entre o remendo e a peça de vestir, que estica e encolhe que tanto bem fez a Pedro. O Mestre, como primeira instância, pede-lhe o seu barco. A presença tão régia do Senhor deve ter sido o motivo de a boca de Pedro ter ficado fechada, de forma que ele não contestou, porque sem dúvida queria fazê-lo. Este perfeito desconhecido estava pedindo que Pedro deixasse de fazer o que estava fazendo, que lançasse de lado o trabalho que havia feito até aquela data, para subir ao barco com Ele. Logo Pedro teria de lutar para manter quieto o barco, enquanto este Jesus, um Mestre desconhecido, ensinava à multidão o que estava esperando.

A Transformação da Igreja

Bem-vindo à escola, Pedro. A primeira lição que precisa aprender se chama renúncia. Deixar de pensar que o que fazemos é tão importante e, sobretudo, esquecermos da "síndrome da última coca-cola no deserto" para começarmos a servir ao Senhor. Pensar neste momento na vida de Pedro me faz lembrar do canto de Jeremias: "Iludiste-me, ó Senhor, e iludido fiquei; mais forte foste que eu e prevaleceste..." (Jr 20.7) Você se lembra de seus próprios momentos, justamente quando críamos ter alcançado o objetivo? Lutamos tanto para chegar àquela posição econômica, àquele grau acadêmico, e quando estamos prontos para começar a brilhar na base de uma empresa, em um centro de estudos de nível internacional, chega o Senhor e nos pede o barco. Outros, talvez a ponto de pendurar as luvas, já não queriam saber de mais nada, e de pronto aparece o Senhor, como se ainda tivéssemos algo a dar, e nos pede o nosso barco.

É possível que a lembrança constante desses momentos nos faça pensar que temos pagado muito pelo ministério. Algumas vezes, na beira do caminho, nos sentamos para avaliar o caminhar e nos damos conta de que tínhamos expectativas grandes, e que nenhuma foi realizada. Sentimo-nos assaltados, seduzidos e estafados. O ministério tem muito trabalho e pouco reconhecimento. Imagine Pedro passando pelo ridículo. O Mestre ensina, e é o centro das atenções, mas é Pedro quem corre de um lado para o outro do barco, com o timão na mão e uma vela na outra, em uma atividade constante para evitar que Jesus caia, que o barco se afaste muito ou que bata contra a margem, e toda a multidão se pusesse a zombar.

Quando o homem termina de falar e parece que tudo terminou, é dada a Pedro uma nova ordem: "Voltai a remar, e lançai as vossas redes para pescar". Aqui começa a aparecer o

Boanerges[10]. Pedro já não consegue se manter quieto, e questiona: "Mestre, havendo trabalhado toda a noite, nada apanhamos". Observe com cuidado o versículo 5. Há uma mudança radical no final da oração. Aquela que começou com ares de superioridade, de um Simão que vê com atrevimento o Mestre que quer dar instruções em seu trabalho, e que é necessário colocá-lo em seu lugar agora que quer tomar o comando de sua nave. Aqui vemos uma resposta humilde nele, de um coração sincero que está escondido no Boanerges e que agora, ao ver os olhos do Mestre, descobre sua paz, sua régia presença e seu amor. Tem a esperança de alcançar, com sua suposta ignorância, o que os anos de experiência lhe haviam negado na noite anterior. A segunda lição se chama obediência! Simples obediência, ainda quando não podia entender nem mesmo antecipar de que forma tudo terminaria.

Conhecemos o restante da história. A rede se enche de peixes, começa a se romper e Pedro tem de chamar outros sócios que estavam em outro barco. Eles não estavam limpando as redes, mas observando aonde iria parar aquela empreitada perdida em que Simão havia se metido, até que ouviram seus gritos: "Tragam o barco e as redes mais fortes porque as nossas estão se rompendo". E eles tiveram de deixar de lado o seu assombro. Não posso imaginar a cena, por mais que me esforce. Tenho de saltar até o momento em que os barcos navegam juntos até a praia, com a rede cheia de ambos os lados, e os homens olhando aquela quantidade de peixes saltando e fazendo a água borbulhar em seu esforço por escapar.

Simão teve todo o tempo do mundo para examinar sua vida, seu trabalho, as satisfações que este lhe dera, e contrapô-lo com a pessoa do Mestre que agora os acompanha sentado, em silêncio, do outro lado da barca. O que olha Simão de vez em quando que lhe faz baixar o olhar? Talvez ouça sempre o mesmo: "Segue-me, e eu te farei pescador de homens". Ao chegar à praia, Pedro faz uma última tentativa, armando-se de valor. Vai para frente dos sócios e tenta pedir a Jesus que se vá, mas termina de joelhos. Ele implora que Jesus se afaste dele, porque não suporta sua vida, tão cheia de falhas, comparada à pureza do Mestre. Ao mesmo tempo em que pede que Ele se vá, sem dúvida quer rogar que Ele não o faça, porque nestes poucos instantes que tem estado juntos soube que não há melhor opção nem melhor companhia, nem melhor trabalho do que aquele que o Mestre oferece.

Agora Pedro entende que tudo, seus conhecimentos do mar, sua crescente empresa pesqueira, seu lugar entre o povo e até o seu amor por seu pai, fica em um segundo plano. Quando ele se dá conta de que encontrou o Mestre, e este por sua vez o chamou para deixar de lado tudo o que tem, de negar tudo o que é, e ir em busca dos que se perdem para contar-lhes a sua história e que "o poder de Deus estava com Ele". A terceira lição, Pedro, se chama incondicionalidade, isto é, seguir a Jesus até as últimas conseqüências e os últimos lugares da terra.

Esta é a tarefa pastoral, um chamado radical que requer uma resposta radical, como a que você e eu temos oferecido. Este é um chamado radical, que só pode ser respondido quando estamos dispostos a renunciar o que somos, ao que pensamos acerca de nós mesmos, e sobre o que estamos fazendo. Quando estamos dispostos a obedecer, "ainda quando o que Ele nos pede seja 'danoso' para nós, não nos importa sacrificar o que somos, o que temos ou o que estimamos, em uma atitude incondicional para com o Senhor".[11]

A melhor gratificação da tarefa ministerial é o Mestre. Ao recorrer ao caminho que nos atrai ao ministério do Senhor, a forma como escutamos este chamado radical, e o processo que nos levou a desenvolver em nós mesmos este caráter que estava ausente ou escondido e nos tem servido através desta senda para chegar a ser pastores, reconhecemos que o ato de havermos encontrado tem sido uma mostra de sua misericórdia.

Depois de escrever: "E dou graças ao que me tem confortado, a Cristo Jesus, Senhor nosso, que me teve por fiel, pondo-me no ministério" (I Tm 1.12), o apóstolo Paulo aponta diversos detalhes para comprovar como ele era a pessoa mais desqualificada para exercê-lo. Mas sem dúvida ele estava ali, envolvido por completo no ministério.

Prosseguindo com a leitura do Evangelho de Lucas, encontramos dois eventos que serviram para mostrar àquele crescente número de discípulos quem era o Mestre. Em primeiro lugar, cura um leproso, cura que foi uma grande obra milagrosa naqueles tempos. O diálogo entre o Mestre e o leproso nos dá as primeiras lições da tarefa pastoral.

Primeiramente, mostra uma atitude de serviço. À suplica do leproso: "Senhor, se quiseres podes limpar-me", o Senhor respondeu: "Quero, sê limpo". A tarefa pastoral, conforme o modelo do Senhor Jesus, se enquadra na busca constante de ver, para aqueles que se aproximam, as respostas adequadas para sua própria dor, seu próprio castigo e para as circunstâncias em que se encontram. Isto demonstra que o Mestre está desejoso de prover saúde, e interessado, de maneira especial e pessoal, no bem-estar de quem se aproxima dEle.

Em segundo lugar, nos mostra uma atitude magnânima, sem qualquer interesse de receber algum benefício pessoal pelo serviço prestado, nem bens, nem publicidade, nem mesmo uma promoção. Jesus Cristo ensina aqui uma lição àqueles que estão no ministério. Todo benefício que possamos ter da tarefa pastoral vem como resultado de sua misericórdia, e não do que tenhamos obtido por nossos feitos. Assim é a tarefa pastoral, sempre com ânimo de serviço e com total desinteresse em receber retribuição pelos serviços prestados. "Não digas isto a ninguém", disse o Mestre ao leproso. A maior recompensa do trabalho está no fato de que aquele que se aproxima recebe saúde, esperança e atenção.

Em terceiro lugar, nos lembra o fim último de todo ministério pastoral: que os que se aproximam de nós se aproximem mais do Pai através de nosso ministério. O Mestre dá sim uma ordem ao leproso, uma instrução a ser cumprida depois de haver recebido saúde. O Senhor pede que o leproso vá ao templo e fale com o sacerdote, e cumpra a lei de Moisés para a sua purificação. Muitas vezes, como pastores, perdemos a visão deste propósito no desafio do dia-a-dia. Nesse tempo, em particular, o pastor está sob pressão para mostrar que tem obtido êxito. Tal êxito se mostra em números, cifras e carros de última geração. Até parece que a marca do carro que se dirige é a melhor mostra do êxito pastoral que a Bíblia estabelece.

Muitos pastores hoje em dia caem vítimas dessa pressão hedonista, de demonstrar o êxito da igreja com seu estilo de vida; de ser, como pastor, a imagem do êxito a igreja. Esta passagem nos alerta quanto a isto. Tudo o que Jesus Cristo busca no leproso que foi curado é que sua gratidão e responsabilidade para com o Senhor servissem de testemunho aos que o rodeavam.

Isto me parece mais poderoso. Se nós, pastores, praticarmos isto, se nos decidirmos a perseguir na obra ministerial esses três elementos — a atitude de serviço, a magnitude no caráter e o fim do ministério pastoral, de aproximar os homens de Deus —, teríamos então toda a autoridade para pedir aos nossos membros que sejam testemunhas em cada um dos círculos em que se relacionam. Poderíamos lhes fazer ver como algo imperativo que a melhor maneira de agradecer a Deus — senão a única — por ter sido beneficiados pelo ministério pastoral, é ser grandes testemunhas das coisas que Deus tem feito em suas vidas — vidas transformadas e desinteressadas, como a de seu pastor, que tem sido capaz de caminhar na contramão do mundo e seguir brilhando; de mostrar uma atitude de serviço sem se sentir humilhado, e de poder ter a autoridade moral de pedir aos membros que sejam testemunhas.

Quantos de nós, pastores, lutamos para pensar, planejar, levar a cabo as atividades de evangelismo na igreja!? Quantos recursos fazem falta para a divulgação e materiais. Quanto tempo investido no planejamento para nos darmos conta, no dia da atividade planejada, que só um punhado de membros aceitou nossa convocação. Digo mais claramente: o mesmo punhado de sempre, quando na igreja há tantos outros membros também tem recebido estas mesmas graças e não se sentem motivados a ser testemunhas.

Ao pensar na luta constante, nos damos conta de que em meio às pressões de dentro e de fora do ministério que nos levam a apresentarmos como a mesma personalização do êxito na igreja, fazemos coisas, pedimos coisas e deixamos que os membros se confundam, crendo que o serviço pastoral tem sido recompensado com o aumento, gratuidades para o pastor ou para a igreja, contribuições especiais ou com um serviço especial que então põe o pastor como devedor daqueles a quem foi chamado a servir.

Em seu livro *Terremoto na Igreja*, Peter Wagner menciona a forma como uma igreja na Inglaterra pedia a contribuição dizendo:

Ao dar uma oferta hoje, estamos crendo em Deus por trabalho ou melhores trabalhos, aumentos ou bônus, benefícios. Vendas, comissões, arranjos, heranças, legados, lucros e receitas. Descontos, devoluções de dinheiro, cheques pelo correio, presentes inesperados, achar dinheiro perdido, contas pagas, dívidas canceladas, privilégios recebidos. Este é o momento da oferta! Aleluia![12]

Então me pergunto: Como motivar uma congregação destas para a evangelização, quando em vez de devedores que somos (Rm 8.12), vivem pensando que são credores de Deus?

A segunda luta entre o vinho novo e o remendo velho se ilustra de forma surpreendente em Lucas 6.1-11. Ali nos é narrado dois eventos. Em primeiro lugar, vemos os discípulos arrancando espigas no dia do repouso. Enquanto andavam pelas plantações, as arrancavam, esfregavam com as mãos e logo em seguida comiam o trigo maduro. Em segundo lugar, um pouco mais decisivo, os escribas e fariseus se aproximam para ver o que faria com um homem que tinha a mão mirrada, e se seria capaz de descumprir o sábado para curá-lo.

Em ambos os casos, os odres velhos são representados pelos fariseus e escribas. Eles estão empenhados por manter o esquema ministerial da forma acostumada. Preocupam-se e até desencadeiam sua ira ao notar que este jovem Mestre está propondo uma forma de exercer o ministério de modo diferente daquele que eles consideravam ser o correto. No primeiro caso, sua recriminação é por causa do que os discípulos de Jesus estiveram colhendo no dia do repouso. Esse não era o caso, pois sua maneira de entendê-lo era igual àquela história do livro Deuterocanônico de I Macabeus 2.32-41, onde se narra o início da rebelião dos macabeus, Matatias e os judeus que o seguiam se deixam matar porque tinham entendido que no dia de sábado não era lícito defenderem-se de seus inimigos. No segundo caso, se pergunta se o Mestre seria capaz de curar no dia do repouso, coisa que eles consideravam trabalho e não podiam aceitar que fosse lícito.

O Mestre quer lhes ensinar uma grande lição no tocante ao ministério pastoral. O vinho novo que Ele traz é de um ministério orientado às pessoas, e não aos programas. O exemplo que o mesmo Senhor traz na ocasião para defender seu ponto de vista de deixar os discípulos arrancarem as espigas no dia do repouso é o que se narra em I Samuel 21, e que mostra o grande rei Davi prestes a morrer de fome. Os sacerdotes lhes permitem tomar desse pão, logo após terem feito uma pergunta rigorosa sobre seus homens. A tarefa pastoral demanda este mesmo enfoque. As pessoas são mais importantes que os programas; e sua saúde, alimentação e ajuda a eles é o que demanda nosso tempo e atenção pastoral. Os programas estão em função das pessoas, e não o contrário.

Em quantas ocasiões, em nosso afã de mantermos os programas, ferimos os irmãos, ou o que é pior, permitimos que a igreja seja amigável para com aquelas pessoas que chegam pela porta da rua.

Freqüentemente, vemos que isto ocorre nas igrejas da América Latina. Em algum momento da história interpretamos de maneira errada as boas intenções daqueles que quiseram nos ensinar uma liturgia organizada. Eles nos quiseram modelar em nós uma pastoral programática, e agora começamos a dar tanta importância aos programas, aos serviços e às sessões. Ocupamo-nos tanto de que tudo saia de acordo com o manual, que não nos damos conta do momento em que chegamos a ser escravos dos programas. A pergunta de Jesus é muito conclusiva: "É lícito, no dia de sábado, fazer o bem ou fazer o mal?" Esta é a pergunta a que devemos submeter a nossa tarefa pastoral: Estamos salvando vidas ou despojando-as? A interpretação da pergunta é que se negamos a um enfermo a saúde no dia de sábado, o aproximamos da morte. "Deixar de prestar o socorro possível em tais circunstâncias é fazer o mal."[13]

O vinho novo em odres novos é um ministério pastoral transformado em um homem transformado. Um verdadeiro discípulo em um cristão incondicional, que é chamado pelo Senhor a viver próximo dEle, que recebe cotidianamente a orientação, o poder e o desafio por meio de uma disciplina diária de oração, de leitura da Palavra e de testemunho. E entende que o enfoque mais importante de seu ministério são as pessoas, todas aquelas que requerem que se lhes faça o bem.

Para cumprir com fidelidade o chamado pastoral, também são necessárias ações radicais. O pastor deve, em primeiro lugar, fazer bem às pessoas, principalmente àquelas que caminham para a morte, sem esperança de conhecer ao Senhor. O pastor deve guiar a igreja para apoiar e produzir meios que permitam que o evangelho esteja disponível para elas. Estas são as missões mundiais. Para nós, os pastores, este término se confunde. Ocupados como estamos com a luta do dia-a-dia, pensamos que esta tarefa se cumpre com a evangelização que é feita nos arredores da igreja. Apesar de as missões serem uma forma de evangelização, nem toda evangelização é missões. Por outro lado, pensamos nesta palavra com o sentido utilizado em algumas denominações e igrejas para nomear a obra que se inicia em outra área da capital ou em outro lugar do país onde não havia obra, mesmo que lá já houvesse igrejas de outra denominação.

Pela escassez de programas, às vezes consideramos que fazer missões é escolher entre orar ou ofertar para um missionário, ou, no melhor dos casos, festejar atividades missionárias. Nesse momento, devemos reconsiderar e esclarecer o que deve se entender por missionário. O dicionário Hispano-Americano de Missões dá esta definição de missão transcultural:

> É o cumprimento da missão mediante a comunicação da mensagem cristã. O objetivo fundamental da missão transcultural é o estabelecimento de igrejas autóctones em meio aos grupos étnicos que não tiveram a oportunidade de conhecer o evangelho.[14]

A tarefa se resume no esforço que a igreja faz, com todos os seus recursos, de colocar o evangelho à disposição daqueles que até então não tiveram a oportunidade de escutá-lo. Esta é a tarefa primordial da igreja e, por conseguinte, a tarefa primordial do pastor.

Em segundo lugar, o pastor deve cumprir fielmente sua responsabilidade de fazer bem àqueles que, à sua volta, caminham sem Deus e sem esperança. Com certeza têm o evangelho à sua disposição, mas são negligentes para crer. A fim de responder à necessidade deles, o pastor deve guiar a congregação a moldar um estilo de vida que imite o caráter de Jesus Cristo. Animará cada crente para que seu círculo de amizade e ambiente de trabalho sejam seu campo missionário, onde ele exercerá seu discipulado, fazendo uso dos meios ao seu alcance, como a pregação da Palavra, a educação cristã, e toda a educação formal e não formal que a igreja possa praticar. O pastor colocará nas mãos de cada crente, de qualquer idade, a responsabilidade e as ferramentas para que possa ser testemunha das grandes coisas que Deus tem feito em e através de sua vida, e isto com o propósito de que saiam de cada reunião da igreja com a mesma atitude daqueles que estiveram com Jesus quando Ele curou o paralítico nesta passagem: "E todos, cheios de assombro, glorificavam a Deus; e diziam cheios de temor: hoje temos visto maravilhas".

Em terceiro lugar, o pastor deve cumprir sua responsabilidade de fazer bem àqueles que fazem parte de sua congregação. Mesmo quando isto descreve a tarefa pastoral por antonomásia, sempre tende a ser mal interpretada. Por definição geral, "o pastor se ocupa de alimentar, confortar, guiar, acompanhar e ungir a grei (Sl 23; Jo 10.7-16)".[15]

Todo pastor se vê angustiado pelas responsabilidades. Com todo o nosso melhor desejo, nos esforçamos por prover a cada um dos membros a atenção que eles merecem, e a melhor que podemos oferecer, mas de resultados sempre insuficientes.

Uma das coisas que tenho aprendido através da mesma tarefa pastoral e da oportunidade de conversar e observar outros pastores em muitos países é que, como tais, temos a responsabilidade de fazer de cada um dos exercícios pastorais um processo de discipulado.

O problema de desgaste do pastor não é pela multidão de pessoas que se aproximam, mas por aquelas que recorrentemente estão retornando. Como pastores, nossa função é a de preparar nossos membros para que possam encontrar na Palavra os meios necessários para enfrentar os problemas com uma perspectiva bíblica, de forma que, quando nos aproximamos para aconselhar um casal que está passando por problemas, por exemplo, nosso plano de ajuda pastoral deve ser integrado de tal maneira que este casal, na vez em que é atendido por causa de sua necessidade, possa ser treinado para buscar solução na Palavra da próxima vez. E o que é mais importante, que ao final do processo estejam prontos a ajudar outros casais, quando estes passarem por situações similares. Daniel D. Williams dizia: "A tarefa pastoral, como a de todo ministro cristão, é a de corresponder ao maravilhoso cuidado de Deus pela alma humana e partilhar com outros o conhecimento que ele tem do poder salvador de Deus".[16]

Termino citando as profundas perguntas de A. B. Simpson:

> Amados, até que ponto somos culpados? Quanto trabalho temos deixado de fazer daquele que deveríamos ter feito? Quanto tempo temos desperdiçado em trabalhos que não tinham necessidade de serem feitos, ou em prazeres egoístas e desnecessários, enquanto há um sem número de almas que se afundam na morte, e Deus coloca o sangue delas em nossa responsabilidade?[17]

---

[8] Stark Rodney, *The rise of christianity: How the obscure, marginal Jesus movement became the dominant religious force in the western world in few centuries*, Harpers Collins, 1997, pp. 6,7.

[9] Idem., p. 10.

[10] Filhos do trovão (Mc 3.17).

[11] Kierkegaard Soren, *Lãs obras del amor*, Ediciones Guadarrama, 1969.

[12] Wagner Peter, *Terremoto en la iglesia*, Caribe-Betania, 2000, p. 274.

[13] Schökel Luis Alonso, *Notas exegético-pastorales de la Biblia del Peregrino*, Ed. Mensajero, 2001.

[14] Deiros Pablo, *Diccionario hispanoamericano de la misión*, Unilit/Comibam, 1997, pp. 293,294.

[15] Idem., p. 326.

[16] Idem., p. 327.

[17] Simpson A. B. *Mensajes misioneros*, Clie, Barcelona, 1985.

11

QUAL É MINHA PRIORIDADE NA EVANGELIZAÇÃO DO MUNDO?

Uma prova não superada pelos discípulos nos coloca em evidência as razões pelas quais nós, os pastores, perdemos a iniciativa de levar a igreja do Senhor até o cumprimento da grande comissão. Perdemos a visão no tocante ao nosso papel estratégico, tanto na liderança da igreja como no envolvimento em missões transculturais.

A passagem que estudaremos em seguida surge como o resultado de um informativo missionário, depois de Jesus dar a seus discípulos uma comissão específica. Para entendê-lo em seu contexto, devemos recordar os seguintes momentos quando o Senhor Jesus formou sua equipe de apóstolos:

A seleção

· Em Lucas 6.12, Jesus sobe a um monte, e depois de um tempo de oração, escolheu os doze para que fossem seus discípulos. É importante ressaltar o processo e o propósito; a passa-

A Transformação da Igreja

gem de Lucas nos diz que "passou a noite orando a Deus" (Lc 6.12). Um chamamento a substitutos, a homens comuns e simples, "chamados para ser apóstolos", requeria um tempo dedicado à oração e à intercessão por cada um deles. Tal como entendemos, até este momento havia um grupo de seguidores, os quais são chamados discípulos em Lucas 6.1. Depois do tempo de oração, deste grupo o Senhor escolhe doze que formaram essa equipe de liderança, em que o Mestre baseou seu plano de estabelecimento da igreja em todas as nações. O propósito de seu chamamento se resume em duas sentenças: "E nomeou doze para que estivessem com Ele e os mandasse a pregar" (Mc 3.14). Um plano completo. Primeiro, eles tinham de conhecê-lo, entender sua vida, ser parte de seu ministério e compreender seu plano. Em seguida, sair e fazer o mesmo aonde Ele os enviasse.

Em Lucas 8.1, Jesus se faz acompanhar de seus discípulos para que eles possam ter experiências e ser testemunhas de seu ministério, como também ver a maneira como Ele o exerce. Cabe ressaltar que o escritor se assegura de mencionar que, se apenas os doze estavam com Jesus, eles eram parte de uma equipe mais ampla, que supria outras necessidades específicas do Senhor e de seu grupo de apóstolos e discípulos. Cada um dos membros da equipe era desafiado a fazer compromissos com o Mestre, que incluía não apenas suas vidas, mas também seus bens (Lc 8.1). Em Lucas 9.1,2, finalmente, Jesus envia seus discípulos para pregar o Reino de Deus; aqui começa o relato que queremos ressaltar.

A passagem a seguir é conhecida em geral como o milagre da alimentação das cinco mil pessoas. Imagino que muitos de vocês, leitores, já pregaram esta passagem. Sem dúvida, todos temos ressaltado o amor de Deus pelos que o seguem, pois não apenas os ensina, mas também resolve suas necessidades físicas. O milagre da multiplicação dos pães e dos peixes chama a nossa atenção. Aqui é quando fazemos o convite para que, tanto nesta passagem como em todo o restante da Palavra de Deus, cavemos mais profundamente. Não nos conformemos com o óbvio, evitando nos surpreender se fazemos uma interpretação alegórica. Abramos nossos olhos para ver mais profundamente o que o texto tem reservado para aqueles que investem seu tempo e atenção no estudo da Palavra. Façamos nosso o lema da vida de Kierkegaard: "Her Gib uns blöde Augen fur. Dinge die nichts taugen, um Augen voller Klarheit in alle deine Wahrheit" (Senhor, dá-nos olhos de curto alcance para as coisas que não valem nada, e olhos cheios de luz para toda a tua verdade). Vendo esta passagem com os olhos cheios de luz, encontraremos uma grande lição adicional que devemos aprender desta porção bíblica, e que pode nos desafiar a ter a atitude correta no desenvolvimento de nosso ministério. Então, analisemos detidamente esta passagem.

A comissão

Esta é a primeira ocasião que Lucas, escritor deste Evangelho, registra o envio dos discípulos por parte de Jesus Cristo, com um propósito especial. Aqui, Ele envia os doze mencionados pelos nomes em Lucas 6.14-16. É um momento importante. É o momento em que os discípulos experimentam a transição para chegar a ser apóstolos (enviados). Esta é a hora em que começam, sob os olhos cuidadosos do Mestre, a fazer seus primeiros exercícios de sair para pregar, tarefa que lhes seguirá pelo resto de suas vidas, particularmente depois que o Senhor ascender aos céus.

A passagem começa com uma primeira cena, em que Jesus chamou os doze e lhes deu poder e autoridade para expulsar demônios (9.1). O primeiro que encontramos nesta passagem é que Jesus Cristo capacita aqueles que envia: "O Deus que os envia lhes dará poder". Entendendo os desafios, perigos e oposição que eles poderiam enfrentar em seu trajeto por todas as partes, lhes dá a autoridade sobre todos os demônios, a fim de fazer desta uma empreitada vitoriosa. Também lhes deu o poder para curar todo o tipo de enfermidade, sabendo que a tarefa de anunciar o Reino de Deus é uma tarefa integral, que precisa tomar conta de forma integral do indivíduo. Ele lhes dá também poder para curar todo tipo de enfermidade. É importante notar que a autoridade e o poder foram dados para ser usados em todo o tempo e em todo o lugar.

Jesus os enviou para pregar o Reino de Deus e curar todos os enfermos (v. 2). Também podemos notar que neste momento histórico, em que estão sendo assentadas as bases da tarefa de estabelecimento de seu Reino sobre a terra, não se faz um mandato geográfico e temporal. Os discípulos deveriam entender que a ordem era que pregassem em todos os lugares (geográfico), desde onde se encontravam até o último lugar da terra, passando por todas as partes. Também era claro que o mandato de ir deveria ser levado a cabo em todo o tempo (atemporal).

Finalmente, os instruiu a que não se preocupassem com comida, roupas ou o lugar onde deveriam dormir (vv. 3,4). Chama a atenção o fato de o escritor deste evangelho, inspirado pelo Espírito Santo, tomar tanto tempo para citar textualmente o que Jesus Cristo disse acerca do que os discípulos não deveriam se preocupar com a comida, as roupas ou um lugar para dormir. No processo de preparação para o ministério que tinham diante de si, era necessário que isto ficasse claramente gravado na mente deles. Em seu desejo de que eles entendessem de modo claro, inclusive até na forma de proceder quando não os atendia nem lhes provia o necessário, como Ele lhes antecipara.

O exame

Continuando nesta passagem, encontramos o momento do exame. Para nós, é um pouco chocante ver isto, particularmente porque estamos acostumados a escutar que o servo do Senhor só a Deus dará contas. E essa prestação de contas acontecerá no dia do juízo. Sentimos que como nosso ministério terreno, na realidade, tem uma implicação celestial, não temos de prestar contas do que fazemos. Pensar que Jesus fez um exame em seus discípulos depois da comissão nos soa como heresia. Mas, por favor, leiamos a passagem inteira (vv. 6-11).

Recuperemos a cena. Em seu regresso, os apóstolos informaram a Jesus o que fizeram. Haviam pregado o Reino de Deus, curado enfermos e libertado os prisioneiros dos demônios (v. 6). Quando observamos atentamente, notamos que os apóstolos entenderam perfeita e claramente o que lhes fora pedido que fizessem. Eles saíram, foram pregar o evangelho "por todas as aldeias", curando enfermos e libertando os que estavam cativos por espíritos imundos. Era isto exatamente que Jesus lhes ordenara a fazer. Então, Jesus lhes convida a um lugar isolado, próximo a Betsaida, para um exame final.

A confusão

Eles pensaram, e com alguma razão, que o convite de Jesus era para um retiro de descanso, mas Ele tinha uma idéia melhor para este momento (v. 10). Era natural que depois da única oportunidade em que haviam saído comissionados por seu Mestre para anunciar o Reino dos céus, sentissem que mereciam um tempo a sós com o Senhor. Imaginemos a quantidade de experiências que tinham para contar e os desejos de partilhar todas as coisas que haviam sucedido durante essa viagem. É compreensível sua forma de pensar, mas não sua atitude. Sem dúvida, ainda que eles caminhassem para um lugar adequado, suas mentes emocionadas não paravam de fazer planos, escolhendo de modo bem cuidadoso as experiências que contariam ao Mestre quando estivessem com Ele. Imaginaram vividamente o que se passaria, a forma como juntos encontrariam o momento para contar sua própria experiência, como também escutar o que os outros tinham a dizer.

O que eles não tinham em seus planos era que uma multidão de pessoas, mais de cinco mil, se inteirara disto, e chagaram, quase ao mesmo tempo, a este mesmo lugar, com o desejo de ver o Mestre, escutar seus ensinos e ser curados e libertos de suas angústias. Em lugar de rechaçá-los, Jesus lhes dá um bem-vindo (v. 11). Isto sim, foi algo inesperado! Em lugar de despedi-los e explicar que devia se encontrar com seus discípulos, o Mestre lhes recebe amigavelmente. Aqui neste versículo, Jesus lhes dá uma clara mensagem que deveria servir para o resto de seu ministério e sua vida. Não se pode rechaçar os que se aproximam com o desejo de ouvir a Palavra e estão sobrecarregados de necessidades. Mais uma vez os faz recordar da tarefa pastoral e suas implicações com a alma, o corpo e o espírito daqueles que se aproximam em busca de esperança. Cristo começa a pregar o Reino de Deus e a curar os que estavam enfermos dentro daquela multidão de cinco mil pessoas, ante os olhos surpresos de seus discípulos.

Imaginemo-nos a mente de um dos apóstolos que ali se congregavam. Que desilusão! Tanta expectativa acumulada por um momento como este, e o resultado é que todos os planos de um delicioso retiro com o Senhor caem por terra quando aparece a multidão. Alguns deles, sem dúvida, desejavam fervorosamente que o Senhor despedisse, finalmente, todos os que acabaram de chegar; que lhes explicasse que estava em um plano muito importante com seus discípulos e lhes pedisse que voltassem no dia seguinte. Que sentimentos se haviam acumulado neles quando vêem que, em lugar disto, o Senhor começa a pregar, curar os enfermos e libertar os cativos de Satanás.

O fracasso

É necessário que vejamos esse texto (vv. 9,12) muito mais do que um milagre de multiplicação de pães e peixes, como um exame para um grupo de discípulos que têm sido escolhidos para grandes coisas e que acabam de regressar de sua primeira experiência importante. Ao vê-lo desta perspectiva, em apenas um versículo, podemos nos dar conta do quanto falaram os discípulos.

Eles falam quando não fazem o que o Senhor os envia a fazer. Rechaçam a oportunidade que tinham diante de si, de pregar anunciando o Reino dos céus, e decidem não utilizar o seu poder para curar, nem a autoridade que Ele lhes deu para libertar os oprimidos do Diabo. Imaginemos agora, da perspectiva de Jesus, o Senhor, que está animado por causa dos primeiros comentários. Reúne uma multidão para que, no meio dela, possam exercer o seu ministério. Os discípulos, de mudança, se sentam para observar o Mestre, fazendo para cinco mil pessoas o trabalho para o qual os havia capacitado com os recursos necessários.

Eles falham também quando pedem a Jesus que deixe de pregar o Reino de Deus e curar os enfermos, crendo que conhecem melhor a necessidade daqueles que haviam vindo ao Mestre. Esta parte me encanta, pois denota que o Senhor fez um tremendo trabalho para criar um ambiente de unidade e companheirismo tal com seus discípulos, que eles sentiram a liberdade de chegar até Ele, interrompê-lo no meio da pregação e sugerir-lhe que era tempo de terminar. Então, propuseram um plano para despedir aquela gente. Eu vejo, com toda humildade, o quanto me falta como pastor e líder, trabalhar para criar um ambiente de unidade como este nos diferentes exercícios de unidade que temos.

Outra falta que podemos ver neles é quando se preocupam mais com a comida ou com o lugar onde as pessoas vão passar a noite, do que colocar o evangelho à disposição deles. Esqueceram completamente que em sua recente empresa, o Senhor lhes havia provido de tudo o que necessitavam. Não lhes havia faltado nada! Este é, sem dúvida alguma, o fracasso maior. Aqueles discípulos, com quem o Mestre havia insistido para que não se preocupassem com as coisas materiais, que haviam comprovado de maneira contundente que isto era possível e certo, durante a sua última experiência, não são capazes de fazer sua a promessa do Senhor, de que nada lhes faltaria. Assim como havia provido para eles, também podia fazê-lo, agora, com os que o escutavam.

A lição

O Senhor, que é paciente para conosco, também o foi com seus discípulos. E tinha para eles um programa de preparação para que no futuro tomassem a liderança no processo de estabelecer seu Reino até os confins da terra. Ensinou-lhes que a estratégia que deviam utilizar para esta tarefa era a de fazer discípulos. O Senhor decidiu encaminhá-los por um processo que os ajudasse a entender melhor a responsabilidade com o plano de salvação que Ele veio inaugurar. Jesus convida-os a despertar, e sacudidas suas mentes adormecidas, entra na matéria da lição por meio de várias frases cativantes.

"*Dai-lhes vós de comer*" (v. 13). Esta é a primeira parte da lição. Jesus lhes ensina que eles são responsáveis pelas necessidades daqueles que o acudiram, e cada um deles deveria contribuir para supri-las. Neste primeiro passo da aprendizagem, Jesus os leva a modificar sua perspectiva, a passar de observadores a participantes. E no processo de cumprir com a obra de Deus, anunciar com palavras e obras de poder que o Reino dos céus havia chegado, o que o Senhor lhes faz ver é que o problema das pessoas é também problema deles. Este esquecimento é algo que freqüentemente nos sucede na tarefa pastoral. Muitas vezes encontramos desculpas para proclamar, porém muito mais para resolver as necessidades daqueles a quem o Senhor nos tem posto por pastores.

"*Disse, então, aos seus discípulos: Fazei-os assentar, em grupos de cinqüenta em cinqüenta*" (v. 14). Jesus lhes ensina que não está lhes pedindo nada impossível, mas apenas que sejam fiéis ao chamado que receberam. Ante a surpresa de seus discípulos, e a resposta da diferença entre o abastecimento de provisões que tinham disponível e as pessoas por alimentar, o Senhor claramente lhes demonstra que nem sempre que Ele nos pede algo e nos envia, nos faz participantes, tanto do problema como da solução. Uma das coisas que possivelmente passou pela mente deles foi que aquela multidão era muito grande. O Senhor Jesus Cristo lhes demonstra que é apenas questão de terem um plano e uma boa atitude, que se pode manejar melhor uma multidão quando esta se divide em grupos. Quantos grupos cada discípulo teve de organizar? Isto é possível para alguém como eles? Suponho que sim.

"Abençoou-os, e partiu-os, e deu-os aos seus discípulos" (v. 16). Jesus lhes ensina também que não é um assunto de cumprir um programa, mas de mostrar amor. É por isto que Ele está pedindo que se envolvam para resolver os problemas daqueles que vêm a Ele. Novamente, o vinho novo em odres novos. O Senhor está mostrando que o mais importante é resolver as necessidades daqueles que se aproximam; em primeiro lugar o espiritual, depois o material. Entretanto, tudo isto é parte da mostra de amor que Ele nos pede para com aqueles aos quais nos tem chamado a ministrar, tanto aos que estão perto quanto aos que estão longe.

"E levantaram... doze cestos de pedaços" (v. 17). Jesus lhes recorda de uma forma enfática que eles não devem se preocupar com a comida, nem com a roupa, nem com um lugar para dormir, contanto que cumpram seu chamado. Que grande lição! Quão inesquecível se faz esta lição para aqueles discípulos que tiveram de comer o pão que sobrou durante muitos dias para firmar esta lição em sua mente. Isto nos recorda que não devemos nos preocupar com a comida, com as roupas nem por um lugar onde dormir, quando estamos cumprindo o nosso chamado de anunciar o evangelho do Reino a todas as criaturas.

Quantas vezes, como pastores (e também membros de igrejas) nos envolvemos tão seriamente nos programas que nos esquecemos de que a tarefa que o Senhor nos tem dado, de anunciar o evangelho, é tanto geográfica quanto atemporal. É dizer, a cada um dos que tem sido chamado a ser discípulos, que deve entender a necessidade de anunciar o evangelho de Jesus Cristo, em todo o tempo e em todos os lugares. O cumprimento da tarefa de evangelização do mundo não depende de um bom plano que possa receber publicidade. Tampouco depende de ter a liderança adequada e os recursos necessários. A tarefa de evangelização do mundo depende de que cada cristão entenda que foi chamado para pregar o evangelho, e fazer o que for necessário para que em todo o mundo, cada pessoa possa chegar a conhecer o evangelho do Reino.

O objetivo último de todo pastor é de levar a igreja a cumprir a razão de sua existência: o desejo do coração de Deus, de que toda criatura, em todo o tempo, possa ser beneficiária da maior e mais sublime aspiração humana.

> Todo homem, em todo lugar, tem o direito outorgado por Deus, de ouvir, pelo menos uma vez na sua vida, a apresentação clara do evangelho de Jesus Cristo em seu próprio idioma, e de uma forma culturalmente sensível, que lhe permita tomar uma decisão a respeito.

Conclusões

Sentado em uma churrascaria no Brasil, uma idéia me veio à mente. Os famosos rodízios de carne no Brasil são restaurantes especializados em carne, onde você se sente à mercê de um verdadeiro desfile de garçons que estão lhe oferecendo, a cada momento, variados e deliciosos tipos de carne para serem degustados. No início, aquilo se torna emocionante; ver chegar toda sorte de carnes de bois, suínos e frangos é uma oportunidade que não se pode deixar de aproveitar. Aceite um, e o desfile prossegue, até que o comensal começa a ficar nervoso, pois vê seu prato cheio de carne, e mais carne vem vindo, e então ele se dá conta de que não pode comer com a mesma velocidade com a qual lhe servem a carne. Ele precisa tomar a decisão de dizer: "Não, muito obrigado!"

A igreja da América Latina se encontra em meio a uma crise de identidade. O crescimento rápido que tem ocorrido nos últimos quarenta anos tem deixado a igreja, em alguns de nossos países, sem oportunidade de parar. A pressão tem sido muita, e por causa dela, muitas vezes temos tomado a decisão de fazer o que é urgente, em detrimento do que é importante. As ofertas de programas e projetos desfilam sem parar ao redor da maioria dos pastores, pressionando as igrejas E as atraem com ofertas de crescimento, maturidade, efetividade e liderança. Todas parecem incessantes, e tal como um rodízio de carnes, não queremos perder nenhuma delas, mas tarde nos daremos conta de que não poderemos com tudo isto.

A parte mais preocupante nesse tempo é que, aproveitando esta crise de identidade, têm surgido muitas referências na igreja latino-americana que estão definindo qual deve ser a identidade da igreja, de seus pastores e ainda de seus membros, com conceitos muito mais empresariais que bíblicos.

A igreja na América Latina necessita, com urgência, entender sua natureza à luz da Palavra. A Bíblia define o perfil da igreja, seus princípios, seus valores, seu funcionamento e, em especial, sua tarefa. Cada pastor precisa enfrentar pessoalmente o desafio de esquadrinhar a Palavra, sem mais recursos que o Espírito Santo, sem mais bagagem que o próprio conhecimento de sua congregação, sem mais bússola que seu chamado e o mais profundo interesse de poder entendê-la, especialmente a fim de contribuir para que a igreja chegue a ser a bela noiva, adornada, sem mancha nem ruga, que espera impaciente pelo regresso de seu amado.

O propósito deste livro tem sido o de desafiar os pastores a que voltem à Palavra, em busca da identidade para sua igreja e seu próprio ministério. É um convite a nos darmos conta de que, durante seu ministério terreno, o Senhor amou a igreja, tal como descrito por Paulo em Efésios 5.25, e a instituiu e foi revelando sua natureza diante daqueles discípulos que fizeram parte do germe dela, e, em especial, foram seus primeiros pastores.

Temos feito um trajeto que, sem dúvida, tem se tornado emocionante em alguns dos capítulos finais de Mateus; um evangelho que, como nas palavras de David Bosche, se lê de forma ainda mais emocionante:

> Nosso primeiro evangelho é essencialmente missionário. Este foi escrito de forma primordial porque Mateus queria escrever sua visão missionária neste evangelho. Não para compor algo sobre a vida de Jesus, mas para prover um guia para a comunidade em crise quanto à forma como eles deveriam entender a visão e o chamado.[18]

Começamos revisando o chamado da igreja, um triplo chamado que nos apresenta Mateus 16.18-28. Vimos descortinar, diante de nossos olhos, o processo pelo qual Jesus Cristo redefine o termo *eklesia*. Esse triplo chamado começa do geral, quando convida a humanidade inteira a ser parte da igreja universal que Jesus Cristo instituiu naquele momento. A demanda do Pai é a de unir sinceramente a declaração gloriosa que fez Simão Pedro em Mateus 16.16: "Tu és o Cristo, o Filho do Deus vivo".

Um convite mais particular é dirigido a todos os cristãos para recordar-lhes que são parte da tarefa de evangelização do mundo. Esta não é uma tarefa de especialistas, mas de todo crente em Cristo Jesus, que deve fazer a obra de um evangelista aonde o Senhor o enviar. Se Cristo morreu por todo o povo, língua, etnia e tribo, é justo que lhes seja anunciada esta boa notícia. Esperamos que cada cristão faça suas as palavras de Paulo: "Se anuncio o evangelho, não tenho de que me gloriar, pois me é imposta essa obrigação; e ai de mim se não anunciar o evangelho!" (I Co 9.16)

O convite se torna pessoal quando cada crente é chamado para ser um cristão incondicional, aquele de quem falou Jesus em Mateus 16.24, que tem três características: é o que o Senhor quer que seja, faz o que o Senhor quer que faça, e vai aonde o Senhor o envia. Aqui começa o desenvolvimento correto da igreja. Quando esta começa a produzir, de forma sistemática, cristãos incondicionais, e entende seu chamado nestas três perspectivas: a universal, a corporativa e a pessoal.

Revisamos o propósito da igreja e seguimos o caminho de Mateus 18, onde Jesus Cristo define a natureza da missão, como a de ir buscar e salvar os perdidos, onde quer que eles estejam. O verso 10 nos dá uma ferramenta para valorizar os perdidos; convida-nos, à luz de seu exemplo, a valorizar e entender o que temos deixado para alcançá-los: as noventa e nove ovelhas no deserto.

Pareceria uma tarefa descomunal quando vemos nossas igrejas, até que nos damos conta de que Jesus Cristo tem posto na igreja os recursos necessários para cumprir a missão. Ele tem dado autoridade moral e espiritual de interceder pelos perdidos. O fato de ter orações respondidas, e, em especial, a presença de seu Rei, fazem da igreja um organismo vitorioso sobre as trevas, o inferno e o Diabo. Isto nos recorda que o mais valioso bem da igreja não são os membros, mas a manifestação da presença de Cristo no meio deles. Na hora de contar, não devemos fazê-lo, numerando-os, e sim perguntando se a presença de Jesus Cristo está em evidência no meio deles. Se isto acontece, estaremos prontos e completos para sair até o último lugar da terra, e até as últimas conseqüências.

Examinamos, com a ajuda de uma figueira estéril, que a igreja é chamada para dar frutos da mesma forma que o povo de Israel. O Senhor tem dado uma ordem e já julga pela sua obediência a Ele. O Senhor lhe tem entregado uma vinha para trabalhar, e, cedo ou tarde, voltará para acertar as contas conosco, seus lavradores. Ele exigirá o fruto e parabenizará aqueles que cuidaram fielmente de sua vinha. Aos maus obreiros, aqueles que fizeram de sua vinha um mercado, que quiseram apropriar-se dela ou a utilizaram para proclamar seu próprio reino, serão julgados duramente. Ele espera o fruto a seu tempo, e não podemos enganá-lo com folhas, nem com talos ou ramos. Ele só busca figos que satisfaçam sua fome de ver a salvação de todos os homens, e em todos os lugares.

Terminamos nosso desenvolvimento da igreja entendendo que, se há uma medida para se medir o êxito, não é nenhuma das que os homens, as organizações ou outros pastores estão fixando para a igreja.

Chegamos, em nosso estudo, a uma passagem climática, a de Mateus 28.16,17. Esta passagem apresenta o amanhecer do começo prático da igreja, mas também um nebuloso momento, em que os discípulos chegam ao monte onde foram convocados pelo Mestre. Esses sentimentos são desenhados perfeitamente quando se lê no versículo 17: "E, quando o viram, o adoraram; mas alguns duvidaram". Chegam apenas onze ao encontro, os onze que sobreviveram à prova de fogo da morte de Jesus Cristo. Naquele momento, quando eles criam que era a ocasião de pararem, organizarem suas fileiras, talvez de se prepararem para tempos melhores, o Senhor lança a trilogia desafiante: "Portanto, ide". O Jesus ressuscitado lhes diz que é tempo de começarem a se mover.

Ele os adverte de que a igreja sempre está em movimento, mas não sem propósito. Move-se em direção a todas as nações, até além. Desde suas origens, a igreja confirma o seu rosto. Dirige-se até elas para que dali possam surgir discípulos obedientes à Palavra de Deus, desejosos de seguir seu mandato. Cristãos que tenham sido batizados em nome de Cristo. Que também tenham sido batizados em nome do Pai, que não regateou seu próprio Filho, mas o ofereceu em sacrifício voluntário pelo pecado. E batizados em nome do Espírito Santo, que dá o poder para que a igreja possa chegar até o último, e que, por onde for passando, a mesma seja estabelecida.

Então, Jesus Cristo define, ao fim deste evangelho, que a medida do êxito da igreja não se obtém por número de membros, nem por pressupostos ou patrimônios. Não se obtém, tampouco, pela influência de seu pastor, número de convites que recebem por ano, ou pela quantidade de visitantes que chegam a cada ano para apreciar o seu progresso. O êxito se mede pela quantidade de discípulos que são obedientes ao ensino do Mestre, pelos cristãos incondicionais que estão sendo cultivados em sua Jerusalém, em sua Judéia, em sua Samaria e até os confins da terra. Quantos deles estão ali, prontos, como um convite ao Mestre para que Ele estenda a sua mão e possa tomar da figueira os frutos que desejar, e bendizer, desta forma, este organismo que está sendo um canal e um modelo de bênçãos para as nações?

Não podíamos deixar de falar do pastor, aquele que leva uma boa parte da carga nas igrejas da América Latina. Deus o tem chamado a fim de esclarecer o chamado para a igreja e encaminhá-la para cumprir seu propósito. A tarefa pastoral é repleta de pressões. Os pastores estão, por um lado, sendo pressionados pela própria sociedade, que trata de ridicularizar todas as pessoas que entregam suas vidas a um serviço religioso. Por outro lado, a cultura cada vez mais sofisticada, ameaça deixá-los para trás e torna suas pregações e conselhos irrelevantes. E se isto fosse pouco, agora enfrentam as pressões de estar em dia

Conclusões

com as tendências eclesiásticas que o tem precipitado, de seminário em seminário, na busca de melhores propostas para levar diante da congregação, que fica mais complicada a cada dia.

Seguimos com os evangelhos, mas para falar do pastor, escolhemos no Evangelho de Lucas uma seção onde Jesus se dedica a convocar e a instruir seus discípulos. Era muito importante estudar e ver esta parte, porque Jesus ensinou seus discípulos a fazer discípulos nas nações e que cumprissem seu mandato. Esse treinamento das bases, de como a igreja deve treinar também outros, é para que o fluxo dinâmico da evangelização saia daqui e chegue até os confins da terra.

A escola pela qual Simão passa no momento do chamado nos deixa muitas lições. Em particular, aquelas que têm a ver com as demandas do caráter do servo de Deus. A renúncia como atitude ao serviço, a obediência como única resposta ao Senhor e a incondicionalidade são as três premissas dos servos, que necessitam ser revisadas novamente em nossa prática pessoal. Devemos nos perguntar se na busca do êxito que os meios nos mostram, não temos deixado de perseguir a única coisa que tem valor: a tarefa de ser pescador de homens e o galardão da tarefa bem feita.

Sem negação não há discipulado. Ali começa a tarefa do discípulo, e isto é o que mantém íntegro o coração do pastor com uma visão clara do Reino, e, em especial, a visão missionária que trata de fazer discípulos em todo o mundo. Como disse o Dr. Russel Shedd: "Negarmos a nós mesmos é o que nos dá o valor para tomar nossa cruz e segui-lo".

Ao revisar o modelo de Jesus Cristo em seu serviço aos necessitados, temos recordado que os distintivos do serviço ressaltam o caráter magnânimo do Senhor, de não pedir a ninguém nada em troca de seus serviços, nem sequer determinada publicidade. Nem isso aceita para mostrar, claramente, tanto aos que serviu como aos discípulos que observam seu modelo, que aqueles que têm sido chamados ao serviço do Senhor devem estar ausentes de todo interesse pessoal, ou de buscar qualquer tipo de benefício por seu serviço. Em especial, de confundir aos que servem, fazendo-lhes crer que tem saldado sua dívida para com seus problemas ou, pior, que são credores dos pastores, da igreja e até de Deus pelas coisas que tem dado.

O Senhor foi muito claro ao mostrar que o serviço daquele que temos sido tidos por fiéis e chamados ao ministério, o único que persigam é agradar a Ele. Devemos ser seus irmãos quando servimos aos outros, seus pés quando vamos buscar os perdidos, e seus lábios quando pregamos o evangelho a todas as nações.

Fico maravilhado com o exemplo de Jesus Cristo, quando, ao final de cada encontro com aqueles a quem servia, se assegurava de que eles entendiam a razão de seu ministério, que era aproximá-los de Deus. Essa é a razão mais sublime do trabalho de um pastor. Nenhuma outra tarefa tem uma transcendência tão profunda como esta. Nenhum outro trabalho tem o privilégio tão profundo de gozar do respaldo moral, daquele que faz, sobre a face da terra, haver um reflexo do Reino dos céus.

É minha oração que, ao chegar este momento e ao encerrar este livro, você possa ter encontrado em sua leitura o ânimo e o desafio para dar valor e começar um processo de transformação de seu ministério pastoral, primeiramente, e logo depois de sua igreja, para que ela chegue a ser a noiva radiante de nosso Senhor Jesus Cristo.

Como temos afirmado várias vezes, se as igrejas na América Latina chegarem a ser o que devem ser, começaremos a ver uma crescente mudança nas culturas e sociedade que nos rodeiam. Os cristãos serão cada vez mais elementos de transformação. E as igrejas chegarão a ser centros de treinamento e desafio para que eles cheguem a ser cristãos incondicionais. Discípulos de acordo com o chamado do Senhor a serem pastores, líderes, missionários ou cidadãos responsáveis que contribuam significativamente para a evangelização do mundo, tanto em Jerusalém, como na Judéia, em Samaria e até os confins da terra.

Que a igreja latino-americana cumpra o chamado de hoje, de ser a força missionária que contribua, de maneira significativa, com a evangelização do mundo em nossa geração.

---

[18] Op. cit., p. 57.

Bibliografia

AYLAWARD, Gladis. *Uma Pequena Grande Mulher*. Editorial Portavoz, Kregel Publications, 1974.

BOSCH, David. *Misión en transformación*. Libros Desafío, EUA, 2000, p. 720.

DEIROS, Pablo. *Diccionario hispanoamericano de la misión*. Unilit/Comibam, 1997.

GOLDSMITH, Martin. *Matthew and Mission, the Gospel Through Jewish Eyes*. Paternoster Press, UK, 2001.

JOHNSTONE, Patrick. *Operation World*. Paternoster Press, UK.

KIERKGAARD, Soren. *Obras e papeles de Sören Kierkegaard*. Ediciones Guadarrama, Madrid, 1969.

LARKINS, William. *Missions in the New Testament and Evangelical Approach*. Orbis Bbook, Mariknol, 1999.

NÚÑEZ, Emilio Antonio. *Hacia una misionología evangélica latinoamericana*. Comibam/Unilit, 1997.

O'BRIEN, Pieter. *Gospel and Mission in the Writings of Paul and Exegetical and Theological Analysis*. Baker Books/Paternoster Press, 1995.

O'BRIEN, P. T. e COSTEMBERG, Andreas J. *Salvation to the Ends of the Earth. A Boblical Theology of Mission*. Apollos/Intercarsity Press, 2001.

ROBERTSON, Archibal Thomas. *Imágenes en el Nuevo Testamento*. Clie, Barcelona, 1988.

RUIZ, M. David D. "El verdadero derecho humano", em *Misión Transcultural*. Comibam Internacional, Biblioteca Misionera, 2000.

SIMPSON, Abraham B. *Mensajes Misioneras*. Clie, Barcelona, 1985.

STARK, Rodney. *The Rise of Christianity*. Haper-Collins, San Francisco, 1997.

WAGNER, Peter. *Terremoto en la Iglesia*. Caribe-Betania, 1999.